머니무브
2024 재테크

MK에디션

머니무브
2024 재테크

초판 1쇄 2023년 11월 30일

지은이 매경 엠플러스 센터
펴낸이 장승준
펴낸곳 매일경제신문사

주소 서울 중구 퇴계로 190 매경미디어센터(04627)
편집문의 02)2000-2521~35
판매문의 02)2000-2606
등록 2003년 4월 24일(No. 2-3759)

ISBN 979-11-6484-638-2(03320)

혼돈의시대 富 움켜쥐는 머니 플러스 포트폴리오

머니무브
2024 재테크

매경 엠플러스 센터 지음

매일경제신문사

Contents

03 부동산 투자 안개 걷힌다. 바닥부터 점검하라

04 제도권 편입 원년, 코인 시장 '질'이 달라진다

서문

재테크 진검승부의 시간이 왔다.

쉬운 길은 애초부터 없다. 경제의 기본은 돈 버는 찬스는 모두에게 공평하게 주어진다는 것에서부터 시작한다. 하지만 이 찬스를 잡는 사람과 잡지 못하는 사람 간의 격차는 시간이 갈수록 벌어진다. 특히 불황일 때 승자와 패자의 결과는 극명하게 갈린다. 역설적이지만 경제가 어려울수록 돈을 벌고 지키기 위한 아이디어가 중요해진다. 경제가 안정되면 아이디어보다 돈이 돈을 버는 경우가 많아지기 때문이다.

우리나라가 외환위기를 겪었던 1997년 '2-2-2'라는 용어가 유행했다. 주가 200, 금리 20%, 원달러 환율 2000원을 상징하는 말이다. 모두가 패닉에 빠졌던 시기였다. 그래도 냉정하게 주판알을 굴리는 사람도 있었다. 그들은 먼저 채권을 사들였다. 연 20%까지 치솟았던 시장금리는 1년 후에는 연 5%까지 떨어졌다. 금리가 떨어지면 채권 값은 급등한다. 채권으로 모은 돈은 부동산에 투자했다. 외환위기 당시 급락했던 부동산은 이후 날개 단 듯 올랐다. 주식도 마찬가지였다. 외환위기 당시 280까지 떨어졌던 종합주가지수는 2년 만에 1000을 넘어섰다.

물론 개인 간 투자 여력의 차이는 있다. 먹고살기도 힘든데 투자를 요구하는 것은 어불성설이다. 하지만 작은 돈이라도 투자할 여력이 있는 사람들이 늘 투자 기회를 모색하는 것은 아니다. 투자를 위해 준비하는 것이 귀찮고, '투자한다고 되겠어?'라는 실망감 때문이다. 하지만 이런 사람 중 위기 때 한 푼이라도 투자한 사람과 위기 때 손을 놓고 있는 사람의 경제력 차이는 위기가 지나고 나면 극명하게 나타난다.

우리 경제가 잠수를 타고 있다. 2024년에도 한 번에 좋아지기는 어렵다. 하지만 이처럼 경제가 불황을 겪을 때 개인들의 진짜 경제실력이 드러난다. 경제적 지식의 차이뿐만 아니라 지식을 실천할 수 있는 순발력의 차이도 드러난다. '머니무브 2024 재테크'는 어려운 시기에 개인들의 실력을 키우기 위한 내용으로 구성됐다.

몇 가지 특징이 있다. 먼저 솔직해지려고 노력했다. '한 번에 큰돈을 벌 수 있다'는 책임지기 어려운 내용을 나열하기보다는 한 푼이라도 자신의 돈을 지키고 재산을 플러스(+)할 수 있는 방법을 소개하고자 기획했다. 돈을 벌기 어려운 상황과 돈을 벌 수는 있지만 돈을 잃을 위험이 크다는 경고도 솔직하게 털어놨다. 다음으로는 손에 잡히는 방법을 소개하기 위해 백방으로 정보를 모았다. 많은 미사여구를 늘어놨지만 다 읽고 났을 때 '그럼 나는 뭐를 해야 하나'를 고민하게 만드는 책들을 경험을 한 적이 있다. 이 책은 처음부터 내가 해야 할 행동강령을 제시하기 위해 4명의 전문기자가 발로 뛰어 아이디어를 모았다. 시점으로는 2024년을 주로 겨냥했다. 경제는 유기체처럼 시시각각 변하면서 흘러간다. 5년, 10년 후 경제 환경의 변화를 얘기하기에는 너무 공허하다고 판단했다. 2023년의 경험을 정확히 진단하고 2024년에 어떤 일이 벌어질 것인가, 그리고 어떻게 행동해야 하는지에 대해 정확히 서술하고자 했다.

책의 순서는 먼저 앞으로 닥칠 거시경제 상황을 진단하고 주식, 부동산, 가상화폐 순으로 투자 전략을 제시했다. 책 내용을 기반으로 많은 사람들이 경제와 재테크 상식을 넓히고 자신의 부를 '플러스'하기를 기원해 본다. 매일경제 전문기자 4인이 집필했지만 이 책을 집필하는 과정에서 많은 전문가의 도움을 받았다. 특히 재테크 플랫폼 '매경엠플러스'의 필진으로 참여하고 있는 각 분야 전문가들은 다양한 인터뷰와 의견을 제시해 책을 만드는 데 큰 도움을 주었다. 책이 잘 만들어졌다면 그분들의 공이 크다. 책에 흠이 있다면 전적으로 집필자 4인의 책임이다.

01

요동치는 세계경제…
진검승부의 시간이 왔다

2024년
'진짜' 경제실력 드러난다

바닷가에 밀물이 들어오면 너도나도 물 위로 떠오른다. 물 위로 목만 내놓고 있는 사람들을 보면 누가 키가 크고 누가 작은지 알기 어렵다. 그렇다고 밀물이 항상 들어와 있는 것은 아니다. 시간이 지나 썰물 때가 오면 물이 빠져나간다. 그러면 사람들은 물 밖으로 몸을 드러낸다. 그때는 서로를 보면서 누가 키가 크고 작은지 확인이 가능하다. 물 위에 같이 떠올라 있을 때는 만만하게 보던 사람인데 물 밖으로 몸을 드러내면 거인임을 확인하고 놀라기도 한다. 반대의 경우도 있다. 물 위에 떠 있을 땐 키가 큰 줄 알았는데 물 밖으로 몸을 내놓으니 키가 작은 사람도 있다.

경제도 비슷하다. 돈을 빗물처럼 뿌릴 때는 너도나도 주머니가 풍족해 보인다. 누가 진정 부자인지, 가난한지 관심을 기울이지 않는다. 모두가 주머니에 있는 돈을 쓰기 바쁘다. 풍부한 돈으로 집을 사는 사람이 많아지면 집값이 오르고, 주식투자를 하는 사람이 많아지면 주가가 오른다. 자기 돈이 없을 때 빚을 내기도 쉽다. 돈값에 해당하는 이자가 얼마 되지 않기 때문이다. 극단적인 상황에서는 돈을 빌리는 사람에게 웃돈을 얹어 주기도 한다. 하지만 돈을 무제한 풀 수는 없다. 밀물과 썰물이 반복되듯이 돈도 뿌릴 때와 거둬들일 때가 나뉜다. 돈을 뿌릴 때 거둬들일 것을 생각해야 하지만 사람들이 그렇게 합리적으로 미래를 예측하지는 않는다. 돈을 거둬들일 때가 오면 그제야 진짜 경제 실력이 드러난다.

세계 경제를 놓고 봐도 비슷한 얘기를 할

수 있다. 한마디로 2024년은 그동안 유입됐던 돈이 빠져나가고 경제 실력이 고스란히 드러나는 시기가 될 것 같다. 국가의 경제 실력도 드러나고 개인이나 기업의 진짜 실력이 드러나는 때다. 이처럼 국가와 기업 개인의 경제 실력이 드러나는 것은 거의 16년 만에 처음 있는 일이다. 그 과정은 이렇다. 2008년 미국에서 금융위기가 일어났을 때 미국은 천문학적인 돈을 풀어 경제가 가라앉는 것을 막았다. 미국 연방준비제도(Fed · 연준)의 기준금리는 연 5%에서 연 0.25%로 대폭 낮아졌고 통화량(M2) 증가율은 10%를 오르내렸다. 유럽, 일본, 한국 등 다른 나라들도 미국을 따라 금리를 낮추고 돈을 풀었다. 전 세계적으로 돈이 넘쳐났고 경제 실력도 돈에 가려졌다. 마치 바닷가에서 밀물이 대규모로 들어올 때처럼.

금융위기가 진정되자 미국은 금리를 올리고 시중에 푸는 돈의 양을 줄이기 시작했다. 미국 기준금리는 연 0.25%에서 2019년 연 2.5%까지 올랐다. 그러다 코로나19로 인한 경제위기를 또 맞았다. 미국은 이번에도 금리를 연 0.25%까지 낮추고 돈을 더 많이 풀었다. 돈을 회수하는 듯했다가 더 많은 돈을 풀게 됐다. 다른 나라도 사정은 비슷하다. 이런 시기는

2022년 2월까지 계속됐다. 금융위기 때부터 따져보면 15년간 돈을 푸는 시기가 이어졌던 것이다. 역사상 유례없을 정도로 장기간 돈이 풀렸다. 그러다 보니 경제가 감당할 수 없게 됐다. 풀린 돈은 가파른 물가상승(인플레이션)을 유발했다. 이제는 돈을 거둬들이지 않고는 못 배길 정도까지 됐다. 역시 미국부터 돈을 회수했다. 미국 기준금리는 2022년 3월부터 2023년 9월까지 5.25%포인트나 올랐다. 다른 나라도 미국을 따라갔다. 미국의 통화량 증가율은 코로나19가 기승을 부릴 때는 전년 동기 대비 25%를 넘었지만 이제는 −4%대를 기록하고 있다. 본격적인 썰물 시대가 온 것이다. 이처럼 돈을 회수하고 금리를 높이는 행위는 2024년까지 계속된다. 이 때문에 2024년에는 유동성에 가려졌던 '진짜' 경제 실력이 드러나게 되는 것이다.

2023년까지 유동성을 회수해본 중간 과정에서도 경제 실력들이 어느 정도 드러났다. 국제통화기금(IMF)은 이런 실력이 어떻게 드러났는지를 경제성장률이라는 수치를 통해 보여줬다. IMF는 2023년 10월 발표한 경제전망에서 2023년 전 세계 경제성장률을 3%로, 2024년은 2.9%로 예측했다. 2023년 7월에 IMF가 예측했을

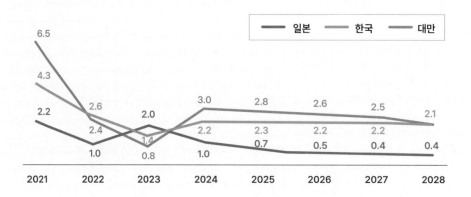

국가별 성장률 전망치

단위: %

일본 ─── 한국 ─── 대만

	2021	2022	2023	2024	2025	2026	2027	2028
대만	6.5	2.6	1.4	3.0	2.8	2.6	2.5	2.1
한국	4.3	2.4	1.4	2.2	2.3	2.2	2.2	
일본	2.2	1.0	2.0	1.0	0.7	0.5	0.4	0.4
			0.8					

자료: IMF

때는 2023년과 2024년 모두 성장률 전망치가 3%였다. 유동성을 조금 더 회수하고 보니 2024년 경제 실력이 당초 예상보다 못한 걸로 나왔다. 7월과 성장률 전망치를 비교해보면 국가별로는 더 큰 편차가 난다. 미국의 2023년과 2024년 성장률 전망치는 각각 종전 1.8%, 1.0%에서 2.1%, 1.5%로 대폭 올랐다. 경제 실력이 예상보다 훨씬 뛰어났다는 얘기다. 반면 중국은 같은 기간 성장률 전망치가 각각 5.2%, 4.5%에서 5.0%와 4.2%로 하향 조정됐다. 주요 2개국(G2)인 미국과 중국의 희비가 엇갈렸다. 가까이 있는 일본의 전망치는 각각 종전 1.4%, 1.0%에서 2.0%, 1.0%로 상향 조정됐다. 반면 한국

은 같은 기간 각각 1.4%, 2.4%에서 1.4%, 2.2%로 하향 조정됐다. 유동성을 뺀 결과 일본은 실력이 보기보다 좋았던 반면 한국은 그 반대였다는 얘기다. 특히 일본이 우리나라보다 성장률이 더 높은 것은 이례적이다. 일본이 우리보다 성장률이 높은 것은 1998년 외환위기 이후 처음 있는 일이다. 특히 지난 10년이 넘는 기간 중에 유동성에 가려져 실력을 제대로 평가할 수 없었는데, 오랜만에 유동성을 제거하고 보니 일본이 우리보다 경제 실력이 높았다는 얘기도 될 수 있어 별로 유쾌한 일은 아니다. 일본은 1990년 이후 '잃어버린 30년'의 기간을 거치면서 절치부심했고 우리는 막연히 '일본보다는 우리

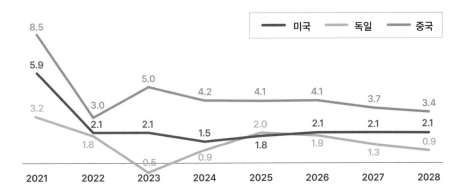

국가별 성장률 전망치

단위: %

미국　독일　중국

	2021	2022	2023	2024	2025	2026	2027	2028
미국	5.9	2.1	2.1	1.5	1.8	2.1	2.1	2.1
독일	3.2	1.8	0.5	0.9	2.0	1.9	1.3	0.9
중국	8.5	3.0	5.0	4.2	4.1	4.1	3.7	3.4

자료: IMF

가 고성장할 것'이라는 기대가 있었던 것도 사실이다. 2023년 성장률 전망치는 크게 달라지지 않을 것으로 보이지만 과거 사례에 비춰볼 때 2024년 성장률 전망치는 실제와 큰 차이가 날 수도 있다. 분명한 것은 2024년은 과잉 유동성이 완전하게 걷히면서 각국의 경제 실력이 고스란히 드러나는 시기라는 점이다.

개인이나 기업도 마찬가지다. 금융위기와 코로나19 경제위기 때 돈이 워낙 많이 풀려 수많은 사람이 유동성에 취해 있었다. 돈이 많은 기업과 개인은 물론 돈이 없는 기업과 개인도 저금리로 돈을 얼마든지 빌릴 수 있었다. 돈이 아쉬운 줄

모르고 살았던 시기다. 정부는 위기 때마다 대출 상환 유예와 이자 감면 등의 빚을 깎아주는 각종 조치를 단골 메뉴로 내놨다. 하지만 2023년에 이어 2024년에도 돈줄을 죌 것으로 보여 '영끌' '빚투' 같은 말들은 점점 사라질 것으로 보인다. 이 과정에서 본인의 능력보다 과도하게 빚을 얻어 버텨온 사람들은 한층 더 어려운 시기를 보내야 할 것으로 예상된다. 투자자 입장에서는 진짜 실력을 평가하고 투자를 할 수 있는 기회가 생긴다. 더이상 유동성이라는 거품이 실력을 가리는 일은 없을 것이기 때문이다.

경제력 격차 커진다…
신흥국 경제위기 재연 가능성

'재앙은 국가와 사람을 가리지 않지만 그 결과는 공평하지 않다.'

2024년에는 이 격언이 사람들 마음속에 되새겨질 것 같다. 특히 경제적 측면을 놓고 보면 이 격언이 더 떠오르게 된다. 2020년 중국 우한에서 시작된 코로나19는 전 세계를 강타했다. 시작은 중국이었지만 곧바로 전 세계가 코로나19로 몸살을 앓았다. 세계보건기구(WHO)에 따르면 2023년 10월 현재 코로나19 누적 확진자는 7억1119만명에 달한다. 지금까지 사망자는 696만명이다. 국가별 누적 확진자는 미국이 1억343만명으로 가장 많고 중국 9931만명, 인도 4499만명, 한국 3457만명 등이다. 모든 나라가 국경을 걸어 잠갔고 국내에서는 막대한 돈을 풀어 코로나19가 가져올 충격을 막으려고 안간힘을 썼다. 2023년 들어서는 다시 국경을 열고 교역을 하면서 이전의 모습을 찾아가고 있다.

코로나19는 모든 나라에 닥쳤고 많은 나라가 경제적 충격을 입었지만 회복하는 과정은 국가별로 큰 차이가 난다. 국제통화기금(IMF) 자료를 통해 전 세계 191개국의 코로나19 발생 전인 2017~2019년 3개년 평균 성장률과 코로나19로부터 벗어난 2023년의 성장률을 비교해봤다. 그 결과 107개국은 코로나19 이전 평균 성장률보다 2023년 성장률이 떨어졌다. 반면 84개국은 코로나19 이전보다 성장률이 오히려 올라갔다. 경제 회복력 측면에서 국가들이 서로 다른 모습을 보인 것이다. 국가별로도 큰 차이가 난다. 경제 규모가 가장 큰 미국은 코로나19 이전 평균 성장률이 2.5%, 2023년 성장률은 2.1%를 기록해 코로나19 이후 성장률

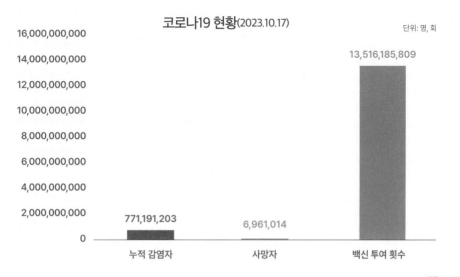

코로나19 현황(2023.10.17)

단위: 명, 회

- 16,000,000,000
- 14,000,000,000
- 12,000,000,000
- 10,000,000,000
- 8,000,000,000
- 6,000,000,000
- 4,000,000,000
- 2,000,000,000
- 0

누적 감염자	사망자	백신 투여 횟수
771,191,203	6,961,014	13,516,185,809

자료: WHO

이 0.4%포인트 정도 떨어졌다. 미국의 경제 규모를 감안할 때 이 정도의 성장률 하락은 코로나19에 따른 충격을 성공적으로 막은 것으로 평가된다. 이 기간 미국은 중앙은행이 금리를 0%대로 낮추고 시중에 돈을 무제한으로 푸는 정책을 폈다. 아울러 국가 재정을 통해서도 실업자와 저소득 계층에 막대한 지원을 퍼부었다. 그 결과 물가가 급등했지만 고용과 경제성장은 탄탄하게 유지하고 있다. 일본은 2023년 2%의 성장률을 기록해 코로나19 이전 3개년 평균(0.6%)보다 성장률이 1.4%포인트 상승했다. 일본 경제는 1990년대부터 진행된 '잃어버린 30년'에

서 탈피한 것으로 평가받을 만큼 강한 회복력을 보여줬다. 개발도상국 중에는 브라질과 멕시코가 눈에 띈다. 이들 국가는 코로나19 이전 평균치보다 2023년 경제성장률이 1.6~2%포인트 상승했다. 이들 나라는 자원이 풍부해 코로나19와 러시아·우크라이나 전쟁 등으로 글로벌 공급망이 교란됐을 때 이로 인한 충격을 덜 받은 국가들로 분류된다. 인도 역시 같은 기간 성장률이 5.7%에서 6.3%로 0.6%포인트 올랐다.

반면 세계 2위 경제 대국인 중국은 코로나19 이전 3개년 평균 성장률이 6.5%였

국가별 코로나19 전후 성장률 비교

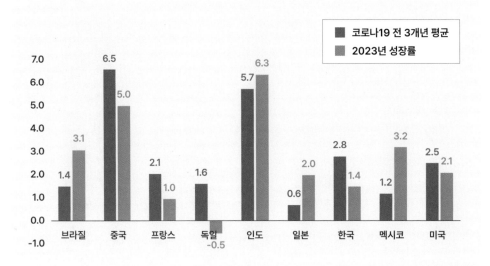

자료: IMF

으나 2023년에는 성장률이 5%로 1.5% 포인트나 급락했다. 경제 규모가 큰 나라 중에는 성장률 하락폭이 가장 큰 곳 중 하나다. 전 세계적으로 경제 봉쇄를 가장 오래 한 나라여서 코로나19로 인한 충격이 상대적으로 컸다. 2023년 경제를 개방하면서 큰 폭의 성장률 반등이 예상됐으나 경제 개방 효과는 생각보다 크지 않았다. 아울러 '시진핑 독재' 체제가 심해지면서 경제에 미치는 부정적인 효과도 커지고 있다. 여기에 계속되는 미국과의 무역 분쟁으로 타격도 입고 있어 여러 가지

악재가 겹쳤다.

중국의 경제 부진은 이 나라와 교역이 많은 다른 나라들에도 큰 충격을 주고 있다. 대표적 나라가 독일이다. 독일 경제 성장률은 코로나19 이전 평균 1.6%였으나 2023년에는 -0.5%로 뚝 떨어졌다. 독일은 유럽 국가 중 중국 수출 비중과 제조업 수출 비중이 높은 나라다. 중국 경제의 부진과 미·중 무역 분쟁으로 대중국 수출이 줄어들고 글로벌 공급망 붕괴로 제조업 기반이 무너지면서 유럽 국가

중에서 성장률 하락폭이 큰 나라 중 하나로 꼽힌다. 아시아에서는 우리나라가 독일과 유사한 경제 구조를 갖고 있다. 중국 수출과 제조업 비중이 높다는 공통점이 있다. 우리나라 성장률도 같은 기간 2.8%에서 1.4%로 1.4%포인트 급락했다.

이처럼 코로나19는 동시에 닥쳤지만 회복 과정은 천차만별이다. 2024년 들어서도 국가 간 차별화는 이어진다. 몇 가지 이유가 있다. 우선 미국의 긴축기조가 이어지면 이 과정에서 개도국의 외환시장은 불안해진다. 경제적으로 불안정한 나라일수록 대외 충격에 취약하다. 2023년 10월 아르헨티나 중앙은행은 기준금리를 15%포인트 인상한다고 발표했다. 아르헨티나 기준금리는 이로써 연 118%에서 133%로 상향 조정됐다. 물가상승률은 전년 동월 대비 138%를 기록했다. 국내 물가 문제도 있지만 외환시장에서 달러 유출을 막기 위해 이 같은 극단적인 조치를 취한 것이다. 이런 경제가 제대로 돌아갈 리가 없다. 과거에도 미국의 긴축이 진행될 때는 미국에서 경기침체가 발생하기 전에 신흥국이 외화 유출로 국가부도 사태를 경험하는 경우가 반복됐다. 2024년에도 미국의 긴축, 개발도상국에서의 자본 유출과 이로 인한 국가부도 위기 상황

이 재연될 가능성이 제기된다.

미·중 무역전쟁 등 글로벌 공급망이 교란되고 있는 점도 국가 간 차별화를 부추긴다. 미국과 중국 간 무역전쟁은 세계를 친중·친미 국가 등 둘로 갈라놓고 있다. 이런 상황은 수출에 의존하고 있는 국가의 경제를 더욱 어렵게 만든다. 여기에 지구촌 곳곳에서 전쟁이 벌어지고 있는 점도 악재다. 우크라이나 전쟁으로 국제 곡물값이 요동쳤고 이스라엘·하마스 중동 전쟁으로 국제유가가 불안정하다. 자원이 부족해 수입 의존도가 높은 나라는 속수무책으로 당할 수밖에 없다. 2023년에 자원이 상대적으로 풍부한 브라질, 멕시코 등 남미 국가의 경제가 상대적으로 호조세를 보인 점도 이런 이유에서다. 세계 경제가 긴밀하게 얽혀 있지만 이처럼 충격이 왔다가 사라질 때는 국가 간 차별화가 더욱 확대되는 현상이 반복되는 것도 세계화의 아이러니다. 2024년에는 이런 아이러니를 실제 경험하는 사례가 많아질 것으로 보인다.

정치를 이해해야
경제가 보인다

2024년은 정치의 해다. 정치를 알아야 경제를 이해할 수 있고 투자 전략도 세울 수 있는 시기다. 정치에 별 관심이 없던 사람도 2024년에는 정치가 경제를 뒤흔드는 모습을 목격하게 될 것 같다. 경제 논리로는 이해할 수 없는 일들이 많이 생기고 각종 경제정책도 정치적 목적에 의해 변질될 가능성이 높다.

사람들이 살아가면서 많이 부닥치는 것이 경제와 정치다. 그런데 각각의 논리체계는 조금씩 다르다. 경제는 제한된 법과 제도 아래에서 합리적인 선택을 통해 사람들이 잘사는 방법을 모색한다. 예를 들면 사적 소유가 보장된 상황에서 사과 농사를 짓는 사람과 배 농사를 짓는 사람이 있다고 가정하자. 사과 농사를 짓더라도 배가 먹고 싶고 배 농사를 짓는 사람

도 사과를 먹고 싶다. 두 사람이 배와 사과를 적당히 교환하면 모두 이익을 얻을 수 있다. 이처럼 경제는 어떻게 하면 사적 소유가 보장된 체제 아래에서 교환에 따른 비용을 최소로 줄이고 교환에 필요한 정보 유통을 활발하게 만들어 더 많은 사람이 이익을 올릴 수 있는지를 모색하는 분야다. 다만 '사적 소유'는 주어진 제도로, 경제적으로 바꾸거나 조절할 수 있는 것은 아니다.

정치는 제도 자체를 다룬다. 같은 예에서 살펴본다면 배 농사와 사과 농사를 짓는 사람들로 구성된 사회에서 소유와 관련한 제도를 어떻게 할 것인지를 다루는 것이 정치의 영역이다. 극단적인 예로 사적 소유를 보장하지 않고 모든 생산물을 국가로 귀속시킨 후 정부가 이를 재분배할

수도 있다. 이때 사과를 10개 먹고 싶은 사람에게 1개만 분배될 수도 있고 배가 먹고 싶지 않은데 10개가 지급될 수도 있다. 이런 제도를 취하고 있을 경우 경제는 이 제도를 받아들이는 과정에서 제한된 효율성을 확보하기 위해 노력하게 된다. 이처럼 제도 자체의 변화를 고민하고 결정하는 것이 정치의 영역이다.

경제 논리는 과격하지 않으면서 치밀한 반면, 정치 논리는 훨씬 큰 그림을 그리다 보니 폭은 넓지만 논리 자체가 엉성하고 빈틈이 많다. 둘 다 서로의 영역을 존중하면서 치밀하고 합리적인 제도와 운영 방안을 만들어간다면 사회가 발전한다. 하지만 경제 논리와 정치 논리가 충돌하는 경우도 많다. 경제의 영역을 엉성한 정치 논리로 포장하거나 경제가 지엽적인 치밀함을 내세워 국가의 큰 그림을 그리는 것을 방해한다면 국가는 퇴보한다.

시야를 세계로 넓혀도 비슷한 얘기를 할 수 있다. 국가 간의 문제를 풀어나가는 데도 정치의 영역이 있고 경제의 영역이 있다. 국가 간 관계에 대한 룰을 만드는 것은 국제정치의 영역이고 이 룰에 따라 효율성을 높여가는 것은 국제경제의 영역이다. 예를 들면 2차 세계대전 후에 자유무역 질서가 필요하다는 공감대를 만든 것이 국제정치의 영역이고 이런 공감대 아래에서 세계무역기구(WTO)를 만들어 교역을 활성화한 것은 국제경제의 영역이다.

2024년은 그동안 형성해왔던 국제질서가 흔들리고 정치 논리가 기승을 부리는 한 해다. 국제정치 갈등의 가장 극단적인 예가 전쟁이다. 2023년 10월 우크라이나에 이어 이스라엘과 하마스 간 전쟁으로 전 세계의 안보 위험이 한층 가중되고 있다. 전쟁은 국가와 개인의 생존과 직결된다. 이성보다는 생존 본능이 우선시된다. 이런 상황에서 국가 간에 합의와 설득을 통해 룰을 정하는 국제정치의 논리가 실종된다. 경제적 불확실성도 극대화된다. 이스라엘 · 하마스 간 분쟁이 일어나자 국제유가가 5% 이상 급등하고 이스라엘 통화인 셰켈화 가치는 급락하는 상황이 발생했다. 지구촌 화약고인 중동의 움직임은 다른 지역 경제에도 큰 영향을 미친다. 지구촌에 전쟁에 준하는 분쟁이 다른 곳에서 발생할 경우에는 한층 더 심해진다. 경제적으로는 불확실성이 커질수록 투자 위험이 증가한다. 물론 불확실성이 클 때 투자 수익을 올리는 방법도 있지만 이를 위해서는 큰 위험을 감수해야 한다는 점에 유의할 필요가 있다.

전쟁을 제외하고 정치가 가장 기승을 부릴 때는 선거철이다. 2024년에도 지구촌에는 미국, 유럽, 영국 등 주요국을 포함해 30여 개 국가에서 큰 선거가 열린다. 우리나라도 2024년 4월 국회의원 선거가 예정돼 있다. 선거는 국가를 이끌어 나갈 리더를 뽑는 절차로 각국의 정치 중 가장 중요한 행사다. 선거에서 어떤 결과가 나타나는가에 따라 향후 4~5년간 국가의 운명이 바뀐다. 또 선거 때가 되면 정치인들 간 경쟁이 치열해진다. 이 과정에서 국민에게 표를 더 얻기 위해 무리한 정책을 내놓는 경우도 많다. 이른바 '표퓰리즘'적인 정책이다. 그러다 보면 경제 상식이나 논리에 맞지 않는 일이 벌어지는 빈도도 늘어난다. 성장률과 물가 등 각종 경제지표는 물론 주가, 환율, 금리 등 각종 시장지표도 정치의 영향을 받는다. 이런 점들이 어우러지면 경제의 불확실성은 매우 커진다. 경제는 주어진 제도 아래 효율성을 높이는 것이 목적인데 제도 자체가 흔들려 버리면 미래에 대한 계획을 세우고 추진할 수 없기 때문이다.

2024년 세계 경제에 가장 큰 영향을 미칠 변수로는 미국 대선이 꼽힌다. 미국 대선은 2024년 11월 5일로 예정돼 있다. 미국 공화당의 유력 후보로 도널드 트럼

2024년 세계 주요 정치 일정

국가	시기	일정
대만	1월	제16대 대만 정부총통/입법위원 선거
인도네시아	2월	인도네시아 대통령/국민협의회 선거
러시아	3월	러시아 대통령 선거
우크라이나	3월	우크라이나 대통령 선거
한국	4월	제22대 국회의원 선거
유럽연합(EU)	5월	유럽의회 선거
미국	11월	미국 대통령 선거
핀란드	1월	핀란드 대통령 선거
영국	4월, 5월	영국 총선, 영국 지방선거
인도	4~5월	인도 총선
우루과이	10월	우루과이 대통령/의회 선거
루마니아	9월, 11월	루마니아 지방선거, 대통령 선거
남아프리카공화국	5월	남아프리카공화국 의회선거
엘살바도르	2월	엘살바도르 대통령/의회 선거
이란	3월	이란 마줄레스(국회의원) 선거
멕시코	6월	멕시코 대통령 선거
스리랑카	10월	스리랑카 대통령 선거
페루	4월	페루 대통령/의회 선거
베네수엘라	미정	베네수엘라 대통령 선거
파나마	5월	파나마 대통령/의회 선거
도미니카공화국	5월	도미니카공화국 대통령/의회 선거

프 전 대통령이 거론된다. 민주당은 조 바이든 대통령이 재선에 나설 것으로 예상된다. 바이든 대통령이 재선에 성공하면 지금과 크게 달라질 것이 없겠지만 트럼프 전 대통령이 당선된다면 얘기는 달라진다. 미국 대외경제정책에서 두 대통령은 큰 차이를 보인다. 트럼프 전 대통령은 과거 양자 간 담판을 통해 문제를 해결해왔다. 한국, 미국, 유럽 등 다자간 협력을 통해 대외경제 문제를 해결해온 바이든 대통령과는 근본적인 차이가 있다. 중국을 압박하는 것은 똑같지만 그 방식이 트럼프 전 대통령은 양자 대결을 통한 압박이었던 반면 바이든 대통령은 다자간 협력을 통해 중국에 압력을 가하는 방식을 취했다. 미국의 힘의 우위를 최대한 활용해 독단적인 정책을 펴온 것이 트럼프 전 대통령이다. 기준금리에 대해서도 트럼프 전 대통령은 재임 시 '기준금리는 낮을수록 좋다'는 것을 역설하며 미국 연방준비제도(Fed·연준)가 금리를 내릴 것을 강하게 압박했다. 실제 제롬 파월 연준 의장은 트럼프 전 대통령의 압력에 굴복해 금리를 내린 적도 있다. 트럼프 전 대통령이 당선되면 현재의 고금리 추세가 하루아침에 반전될 수도 있는 것이다. 경제 문제 외에 우크라이나 전쟁, 이스라엘 정책 등에 대해서도 트

럼프 전 대통령은 바이든 대통령과 근본적으로 다른 철학을 보여줬다. 이 때문에 미국 선거가 어떤 양상을 보이는지에 따라 글로벌 경제의 불확실성도 한층 고조될 전망이다.

우리나라도 2024년 4월에 국회의원을 뽑는 총선이 예정돼 있다. 4월 선거는 현 정부에 대한 중간평가적인 성격이 있다. 이 때문에 정부와 여당은 각종 성과를 강조해야 한다. 가장 중요한 성과는 경제적 성과다. 경제적 성과를 부각시키기 위해 예산을 조기 집행하거나 경기를 조기에 띄우기 위해 각종 정책을 펼 가능성이 있다. 선거 전에 무리하게 경기를 띄울 경우 선거 후유증은 커진다. 2024년 경기가 '상고하저' 모양새를 갖추면서 상반기와 하반기의 격차가 커질 위험도 있다.

미국과 우리나라를 제외하더라도 많은 나라가 중요한 선거를 치른다. 전쟁 중인 우크라이나와 러시아도 대통령 선거가 예정돼 있다. 인도 역시 2024년 총선을 통해 나렌드라 모디 총리의 재집권 여부를 결정한다. 2024년에 치러질 선거 결과에 따라 세계 경제도 출렁일 것으로 예상된다. 국내외 질서와 정책이 바뀌는 향방에 주목할 때다.

고금리 시대는 계속 이어진다

2023년 한 해 동안 금융시장에 정체불명의 메시지가 유령처럼 떠돌았다. '조만간 미국 금리가 떨어질 것'이라는 목소리다. 내용은 이렇다. 2022년 하반기에는 2023년 상반기부터 미국 금리가 떨어질 것으로 봤다. 그도 그럴 것이 미국 연방준비제도(Fed · 연준)는 2022년 2월 연 0.25%였던 기준금리를 2022년 말 연 4.5%로 4.25%포인트나 올렸다. 그러다 보니 급격한 금리 인상에 대한 피로감이 쌓였고 초고속 금리 인상으로 경제는 충격을 받을 것으로 예상됐다.

이런 전망 아래 2022년 말에는 '2023년 상반기 금리 인하론'이 퍼진 것이다. 하지만 연준은 2023년 상반기에도 기준금리를 계속 올렸다. 미국 기준금리는 2023년 5월 연 5.25%로 인상됐다. 그러자 이번엔 '2023년 하반기 금리 인하론'이 확산됐다. 이런 전망도 보기 좋게 빗나갔다. 연준은 2023년 7월에도 금리를 0.25%포인트 인상해 기준금리가 연 5.5%에 도달했다.

이땐 '2023년 말 금리 인하론'이 시장에 번졌다. 하지만 제롬 파월 연준 의장은 2023년 9월 연방공개시장위원회(FOMC)에서 기준금리를 동결하며 "적절하다고 판단되면 금리를 추가로 올릴 준비가 돼 있다"고 밝히면서 연말 금리 인하론이 그릇된 전망임을 분명히 했다. 이 와중에 시장에서는 실세금리가 급등했다. 10년 만기 미국 국채 금리는 2022년 말 연 3.6% 선에서 2023년 10월 연 5%로 1.4%포인트나 올랐다. 2022년 말부터 '미국 금리는 조만간 내릴 것'이라는 막연한 전망이 투자자들을 유혹하고 사라지는 현상이 1년 넘게 반복된 것이다. 미국 금리는 한국 금리에도 영향을 미친다. 미국 금리의 흐름과 유사한 흐름이 우리나라에도 벌어지고 있다. 그러다 보니 시장에 퍼지는 '조만간 금리 인하'라는 전망에 현혹된 투자자들이 채권을 사들이거나 채권형 펀드에 가입했다가 낭패를 보는 일도 속속 나타나고 있다.

이쯤 되면 투자자들도 시야를 조금 넓혀 볼 필요가 있다. 과거 미국 금융시장에서 어떤 일이 벌어졌는지 찬찬히 들여다보면 미국 금리와 관련한 몇 가지 오해를 풀 수 있다. 이런 오해를 풀어보면 미국의 고금리는 상당 기간 지속될 것이라는 점이 예상된다.

첫 번째 오해는 '금리는 낮아야 정상 (normal)'이라는 생각이다. 2008년 금융위기와 2020년 코로나19로 인한 경제 충격으로 연준이 제로금리 정책을 펴면서 형성된 기대감이다.

2008년 이후 2022년 7월까지 약 14년간 미국 기준금리는 연 0.25~2.5% 사이에서 움직였다. 같은 기간 10년 만기 미국 국채 금리도 연 0.6~3.8% 사이를 오르내렸다. 2023년에 경제활동을 활발히 하는 사람 중 상당수는 이 기간에 경제활동을 시작했다. 이들은 당연히 '저금리가 정상'이라고 생각할 만하다. 그래서인지 연 5%가 넘는 금리는 너무 높아 조만간 낮은 '정상 금리'로 내려갈 것이라는 기대가 만들어진다. 처음 접하는 고금리가 낯설어 발생하는 심리적 현상이다.

그런데 1950년대 미국 주도의 세계 경제 질서가 형성된 후부터 지금까지 금융시장을 살펴보면 미국은 '저금리 국가'가 아니라고 단언할 수 있다. 10년 만기 미국 국채 금리는 1950년대 초반 연 2%대에서 움직이다 1980년대에는 연 15%까지 올랐다. 1990년대(1991~2000년)에도 고공행진을 거듭하며 평균 금리가 연 6.7%나 됐다. 그러다 2008년 금융위기가 닥치면서 금리가 급속히 떨어졌다.

1953년부터 2023년 8월까지 70년간 10년 만기 미국 국채 금리 평균치는 연 5.57%로 계산된다. 이 정도의 금리에도 미국 경제는 별 탈 없이 굴러왔다. 2023년 10월 미국 금리가 연 5% 선인 것을 감안하면 70년 평균 금리가 0.6%포인트나 높다. 연준이 결정하는 기준금리도 상황은 비슷하다. 연준의 기준금리는 1950년대 초반 0%대를 기록했다. 그러다가 조금씩 오르내림을 반복했다. 1960년대에

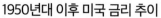

1950년대 이후 미국 금리 추이

단위: 연%

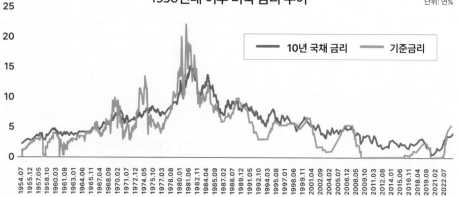

10년 국채 금리 　기준금리

자료: Fed

는 연 5%까지 올랐고 1970년대에는 연 10%를 넘어서기도 했다. 그러다 1980년대에는 폴 볼커 당시 연준 의장이 '인플레이션과의 전쟁'을 선포하면서 기준금리가 연 20% 넘는 수준을 기록했다. 이후 1990년대에도 연 5~10% 사이를 오르내렸다. 전후 70년 미국 역사 중 기준금리가 0%대를 기록한 시기는 10여 년에 불과하다. 70년간 미국의 평균 기준금리는 연 4.61로 계산된다. 2023년 10월 기준금리(연 5.5%)보다 1%포인트가량 낮은 수준이다. 기준금리와 시장금리의 과거 흐름을 살펴보면 지금의 금리가 미국 역사에서 과도하게 높은 수준이 아니라는 것을 알 수 있다. 또 경기 사이클처럼 미국 금리도 큰 흐름상 상승과 하락을 반복해왔다. 그래프를 살펴보면 2024년까지는 금리 상승기가 이어질 가능성이 높다.

두 번째 미국 금리에 대한 오해는 물가와 금리 간 관계와 관련된 것이다. 연준은 '물가와 고용'이라는 두 가지 책무를 달성할 것을 천명하고 있다. 연준이 2022년 3월부터 금리를 올릴 때 명분으로 삼은 것은 인플레이션이었다. 2022년 9월 미국 소비자물가상승률이 전년 동기보다 9% 넘게 오르면서 기준금리 인상을 촉발했다. 이때부터 파월 의장은 '물가상승률을 다시 2%로 되돌릴 것'을 역설하면서 공격적으로 금리를 올렸다.

이런 상황을 놓고 보면 미국 연준 통화정책의 중심은 물가인 것처럼 보인다. 하지만 연준은 앞에서는 물가를 말해도 뒤로는 고용을 챙긴다. 굳이 우선순위를 택하자면 고용이 먼저라고 할 수 있다. 미국인에게 인플레이션이 경제 시스템 안정의 문제라면 고용은 생존을 좌우한다. 수많은 미국 사람은 사회생활을 하는 순간부터 집과 자동차를 비롯해 많은 것을 직업을 담보로 한 신용으로 구입한다. 실업은 단순히 직장을 잃는 문제를 넘어 그동안 익숙해진 생활과의 이별을 뜻한다.

인플레이션에 점잖게 대응하는 연준이 실업에 대해서는 발작하는 반응을 보이는 것도 이 때문이다. 특히 1920년대 대공황 때 통화량을 줄여 경제를 나락의 길로 내몰고 대규모 실업 사태를 만들었던 기억은 아직도 연준의 트라우마다. 2008년 금융위기 때 하루아침에 기준금리를 1%포인트 이상 낮추고 코로나19 사태 때 제로금리에 더해 무제한 양적완화라는 전대미문의 정책을 내놓은 것도 이런 트라우마 때문이다.

이 때문에 앞으로 연준의 움직임을 예상할 때 물가보다 고용이 훨씬 더 중요한 변수로 작용할 것이다. 2023년 말까지 미국 고용은 호조세를 보이고 있다. 실업률은 3%대고 각종 고용지표도 양호한 상태를 이어가고 있다. 고용에 문제가 없기 때문에 연준이 인플레이션을 잡기 위해

미국 실업률과 소비자물가상승률 추이

단위: %

소비자물가상승률   실업률

자료: 한국은행

금리를 올릴 수 있는 것이다. 다시 말하면 지금처럼 돈이 많이 풀린 가운데 고용 환경이 호전되고 있는 상황에서 연준이 금리를 내릴 이유가 없다. 이런 상황은 2024년에도 이어질 전망이다. 실업과 고용지표에 문제가 발생하지 않는다면 연준은 상당 기간 고금리를 유지한다고 보는 것이 합리적이다.

다음은 달러의 움직임이다. 미국은 기축통화인 달러를 통해 전 세계 경제는 물론 정치적으로도 막대한 영향력을 행사한다. 미국 파워를 유지하기 위해 달러 가치가 어느 정도 유지돼야 한다. 달러 가치가 유지돼야 중국, 일본, 한국 등 많은 나라가 외환시장 안정을 위해 달러를 외환보유액 형태로 보유하려고 할 것이다. 이들 국가의 외환보유액은 달러의 확실한 수요 기반이 된다. 만약 미국을 제외한 나라들이 외환보유액을 대폭 줄인다면 이들 국가의 외환시장도 불안해지겠지만 달러값의 폭락으로 미국 경제도 큰 타격을 받는다. 이런 현상을 막기 위해 '강달러'를 유지하는 것이 미국에 유리하다. 강달러를 유지하기 위해서는 미국이 어느 정도의 고금리를 유지해야 한다.

이처럼 대내외 상황을 놓고 보면 미국이

고금리를 유지하는 기간이 상당히 길어질 수 있음을 예고하고 있다. 금융시장에서 6개월마다 반복적으로 제기되는 '조만간 미국 금리는 내릴 것'이라는 전망에 의존하기보다는 현재의 상태를 객관적이고 냉정하게 판단하고 나름대로 투자 계획을 세우는 것이 중요하다.

한 가지 중요한 변수가 있다. 바로 미국 정치다. 연준은 미국 정치에 생각보다 취약하다. 미국 정치를 살펴보면 상황이 조금 복잡하다. 미국 정부는 2023년 5월과 9월 두 차례나 부도날 위험에 처했다가 가까스로 위기를 넘겼다. 개인이나 기업과 마찬가지로 정부도 부도가 나면 쓸 돈을 빌릴 수 없을 뿐만 아니라 기존에 빌린 돈까지 갚아야 한다. 쓸 돈을 제때 빌리지 못하면 정부는 정책을 제대로 펼칠 수 없는 것은 물론 일상적인 업무도 불가능한 '식물정부'로 전락한다. 미국 정부가 이런 위험에 처한 것은 그동안 너무 많은 빚을 져서 감당할 수 없는 상황에 다다랐기 때문이다. 미국 정부의 부채 한도는 2008년 11조3150억달러에서 2019년 21조9877억달러로 늘어났다. 매년 평균 1조달러 안팎씩 증가한 셈이다. 그러던 것이 조 바이든 행정부가 들어선 2021년부터 부채 증가 속도가 훨씬 빨라졌다.

급증한 미국 정부 부채 한도

단위: 조달러

자료: 미 재무청

2023년 현재는 이 한도가 31조3814억달러까지 늘었다. 코로나19로 침체된 경제를 회복시키고 서민들의 복지 지출을 늘린다는 명목 아래 정부 부채 한도를 3년간 10조달러나 늘린 것이다. 그러자 미국 의회가 정부 부채 한도에 제동을 걸고 나섰다. 5월과 9월에 미국 행정부와 의회는 부채 한도 협상을 놓고 실랑이를 벌였다. 벼랑 끝까지 몰렸다가 부채 한도를 유예하고 임시예산을 편성하는 방안에 합의해 급한 불을 껐다.

미국 정부는 일단 부도 위기는 모면했지만 앞으로 국방비를 제외한 나머지 예산 지출을 늘리는 적극적인 재정정책을 펴는 것이 사실상 불가능해졌다. 또 부채의

원리금을 갚기 위해 빚을 더 내야 하는 악순환 고리에 빠져들었다. 이 때문에 정부가 국채를 발행해 부채 원리금 갚기에 나서면 미국 금리는 더 오르고 국채 값은 하락할 것으로 보인다.

반면 2024년에 있을 미국 대통령 선거는 금리를 낮추는 요인이 될 가능성이 높다. 특히 공화당에서는 도널드 트럼프 전 대통령이 후보가 될 가능성이 높다. 트럼프 전 대통령은 자신의 임기 때인 2019년 금리를 낮출 것을 강하게 압박했고 파월 의장은 이 압박에 굴복해 실제 금리를 내린 경험이 있다. 정치 환경 변화가 미국 통화정책의 급변동성을 가져올 가능성은 여전히 남아 있다.

고환율 시대
투자전략 바꿔라

재테크를 할 때 환율만큼 알쏭달쏭한 게 없다. 환율은 기본적으로 한 국가 돈의 값어치를 말한다. 원·달러 환율은 1달러당 원화를 얼마로 바꾸는지를 알려주는 지표다. 원화 값이 올라가면 환율은 떨어지고, 원화 값이 떨어지면 환율은 올라간다. 우리나라 환율은 달러와의 교환가치가 시장에서 결정되면 이를 기준으로 미국을 제외한 다른 나라와의 환율이 결정되는 방식으로 계산된다.

그럼 상식적으로 우리나라 돈의 값어치가 올라가면 좋을 것 같은데 꼭 그렇지만은 않다. 우리나라 돈값이 올라가면 돈을 갖고 있는 사람 입장에서는 좋지만, 물건을 해외에 팔아야 하는 기업 입장에서는 해외에서 물건값이 올라가기 때문에 물건이 덜 팔려서 안 좋다. 이렇듯 환율이 경제에 미치는 영향은 때에 따라 또 상황에 따라 달라진다. 재테크를 하는 사람은 미국 주식이나 펀드 등 해외 자산에 투자할 때 환율의 변화를 꼼꼼히 살펴야 한다. 만약 환율이 1000원일 때 1달러짜리 미국 주식 1만주를 샀다면 이 사람은 1000만원을 투자한 것이다. 그런데 이 주식 값이 1달러50센트로 50% 올랐다고 가정하자. 이때 투자한 주식의 달러 가치는 1만5000달러로 계산된다. 환율 변동이 없다면 1500만원을 챙겨 수익률이 50%에 달한다. 반면 환율이 800원으로 20% 떨어지면 이 사람은 1만5000달러를 원화로 바꿀 때 1200만원에 불과해 수익률이 20%로 뚝 떨어진다. 반면 환율이 1200원으로 20% 올랐다면 이 사람은 1800만원을 받아 수익률이 80%에 달한다. 환율 변동에 따라 수익률이 60%포인트나 달라지는 것이다. 이처럼 투자를 할 때 자산 가치와 함께 환율 변화도 살펴봐야 할 이유는 충분하다. 그럼 앞으로 환율은 어떻게 될까.

환율은 외환시장에서 화폐의 수요와 공급에 따라 결정된다. 원화에 대한 수요가 많으면 원화 값이 올라가고, 원화 수요가 떨어지면 원화 값은 떨어진다. 우리나라 환율은 원·달러 환율을 의미하기 때문에 거꾸로 말하면 우리나라 외환시장에서 달러 수요가 늘어나면 원화 값은 떨어지고(달러 값 상승), 달러 수요가 줄어들면 원화 값은 올라간다(달러 값 하락). 달러 흐름을 결정하는 것은 두 가지다. 금융시장 투자자들에 의해 달러가 유입되는 경우와 실물시장에서 국제무역을 통해 달러가 유입되는 경우다. 크게 이 두 가지 흐름을 살펴보면 환율 움직임을 예상할 수 있다.

먼저 돈의 흐름을 살펴보자. 돈의 흐름을 결정하는 가장 큰 변수가 한국과 미국 금리다. 아주 단순한 예로 한국 금리가 미국보다 높다면 투자자들은 미국보다 한국에 투자해야 이자를 더 받을 수 있다. 그럼 돈이 한국으로 몰려온다. 반대로 미국 금리가 한국보다 높다면 한국 돈이 미국으로 빠져나간다. 양국 간 금리가 같다

면 미국이 한국보다 투자하기에 조금 더 안전한 나라라고 생각되기 때문에 투자자들은 한국보다 미국을 선호할 가능성이 높다. 이런 점에서 한국 금리가 미국보다 조금 더 높은 것이 자연스럽다. 투자 안전도는 국가신용도로 대표된다. 국제 신용평가회사인 무디스가 평가한 미국 국가신용도는 평가 지표 중 가장 높은 수준인 'Aaa' 등급이다. 한국 국가신용등급은 미국보다 두 계단 낮은 'Aa2'이다. 국가신용도로만 본다면 미국이 한국보다 신용이 좋다고 할 수 있다.

그런데 미국이 한국보다 금리가 높은 현상이 진행되고 있다. 2023년 10월 미국 기준금리는 연 5.5%(상단 기준), 한국은 연 3.5%다. 기준금리가 높다 보니 시장금리도 미국이 높다. 2023년 10월 8일 기준으로 1년 만기 미국 국채 금리는 연 5.44%, 같은 만기 한국 국채 금리는 연 3.79%다. 1억원짜리 미국 채권을 사서 1년을 보유하면 544만원을 이자로 받을 수 있는 반면, 한국 국채를 사면 379만원을 이자로 받는다는 계산이다. 신용도가 높고 금리도 1%포인트 이상 높다면 돈이 미국으로 흘러가는 것은 어쩌면 당연하다.

실물시장과 기본은 비슷하지만 금융시

한미 기준금리 변화

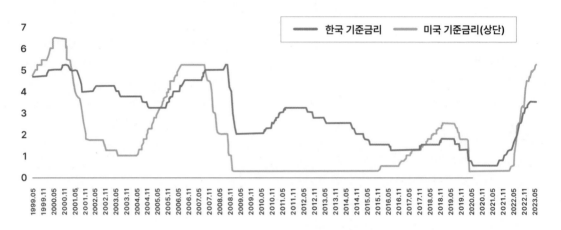

자료: 한국은행

징은 그래도 조금 복잡하다. 투사할 때는 가격, 신용도와 함께 경제 상황, 향후 경기 전망, 정책 방향 등도 고려 대상이 된다. 이런 변수들에 따라 금리가 큰 폭으로 변할 수 있어서다. 이런 점 때문인지 과거 사례를 보면 미국이 한국보다 금리가 높은 상황이 벌어졌다고 곧바로 투자자들이 미국으로 몰려가지는 않았다. 1990년대 이후 한국과 미국 간 기준금리가 역전된 적은 이번을 포함해 총 4번 있었다. 1999년 6월부터 2002년 2월까지 21개월간, 2005년 8월부터 2007년 8월까지 25개월간, 2018년 3월부터 2020년 2월까지 24개월간 등이다. 그리고 2022년 7월

부터 역전이 진행되고 있다. 이 기간을 제외하고는 한국의 기준금리는 미국보다 항상 높았다.

한국은행에 따르면 처음 금리가 역전된 기간인 1999년 6월~2002년 2월에 외국인들은 순매수 기준으로 우리나라 주식을 41억달러 팔았다. 반면 우리나라 채권은 209억달러어치 사들였다. 둘을 합하면 우리나라 증권시장에 외국인 자금 168억달러가 순유입됐다. 한미 간 금리 역전으로 돈이 해외로 빠져나갈 것이라는 예상과 반대로 움직인 것이다. 두 번째 금리 역전 기간(2005년 8월~2007년 8월)

에 외국인들은 주식을 568억달러 순매수했고 채권은 263억달러 순매도했다. 세 번째 기간(2018년 3월~2020년 2월)에는 주식을 487억달러 순매수, 채권은 84억달러를 순매도했다. 3번의 기간 모두 주식과 증권을 합한 증권시장에서는 자금이 순유입됐다. 자본 유출이 본격화하지 않으면서 달러당 원화 값도 비교적 안정됐다. 첫 번째 금리 역전 기간 월평균 달러당 원화 환율은 1160원, 두 번째 기간에는 평균 963원, 세 번째는 평균 1142원 등이다.

그럼 앞으로도 한미 금리 역전에 금융·외환시장이 동요하지 않고 넘어갈 수 있을까. 몇 가지 염려스러운 부분이 있다. 먼저 역전 규모와 기간이 과거보다 크고 길다. 한미 기준금리 차이는 2%포인트로 사상 최대치다. 과거 한미 금리 차가 가장 컸던 때는 2000년 5월부터 2000년 9월까지 4개월간으로, 1.5%포인트 벌어졌다. 미국을 제외한 주변 국가와의 금리차도 과거보다 커졌다. 과거 세 차례 한미 금리가 역전됐을 때 우리나라 기준금리는 유럽, 캐나다 등 다른 선진국보다는 높았다. 하지만 2023년 10월 기준으로 우리나라 기준금리는 유럽(연 4.5%), 캐나다(연 5%)는 물론 영국(연 5.25%), 호주(연 4.1%)보다도 낮다. 스위스(연 1.5%), 일본(연 -0.1%) 정도만 한국보다 낮은 기준금리를 유지하고 있다. 한미 간 금리가 역전되는 기간도 과거보다 길어질 가능성이 높다. 과거 한미 금리 역전은 우리나라 통화정책보다 미국의 기준금리 인상에 의해 발생했고 미국의 금리 인하를 통해 해소됐다. 이번에도 상황은 비슷하다. 우리나라가 현 수준의 금리를 유지한다면 미국이 2%포인트 이상 금리를 낮춰야 한미 금리 역전 현상이 해소될 수 있다. 미국 경기와 고용 상황이 호조세를 보이면서 미국 금리 인하 시점이 늦춰질 것으로 예상되고 있어 한미 금리 역전 기간은 과거 21~25개월보다 훨씬 길어질 것으로 보인다.

환율에 영향을 미칠 수 있는 실물 부분을 살펴봐도 비슷하다. 우리나라 무역수지가 흑자를 보인다면 우리나라가 해외에 파는 물건이 사들이는 물건보다 많아 달러가 유입된다. 이는 원화 강세(환율 하락) 원인으로 작용한다. 반면 무역수지가 적자를 보인다면 원화 약세(환율 상승) 요인이 된다. 과거 세 차례 한미 금리 역전 기간에 우리나라 무역수지는 월평균 13억~70억달러 정도 흑자를 기록했다. 실물 부문에서 달러 유입이 계속 있었던

한미금리 역전 때 경제지표 비교

기간	환율 (월평균)	무역수지 (억달러, 월평균)	경기	경제성장률 (분기 평균)	소비자물가 상승률(월평균)	외국인 주식 순매수(억달러)	외국인 채권 순매수(억달러)
1999년 6월~ 2002년 2월	1160	13.1	상승-하강-상승	10.5	2.7	-41	209
2005년 8월~ 2007년 8월	963	14.1	상승 국면	5.3	2.3	568	-263
2018년 3월~ 2020년 2월	1142	72.5	하강 국면	2.4	0.9	487	-84

셈이다. 반면 2022년 7월 이후 금리 역전 기간(2022년 7월~2023년 8월)에는 월평균 42억달러 적자를 기록하고 있다. 다만 우리나라 무역수지가 2023년 6월부터 흑자 기조로 전환된 점은 달러 수급에는 긍정적이다. 우리나라 무역수지는 2022년 3월부터 2023년 5월까지 15개월간 연속 적자를 기록한 바 있다. 실물 부문에서 소폭의 달러 유입이 발생하더라도 한미 간 금리가 사상 최대 수준으로 역전되면 작은 충격에도 외환·금융시장이 크게 휘둘릴 수 있다.

거시경제 지표도 우리 경제의 발목을 잡는다. 첫 번째 금리 역전기 우리나라 분기별 평균 성장률은 10.5%, 소비자물가 상승률은 월평균 2.7%를 기록했다. 1998년 IMF 위기로 성장률이 급락했던 것에

대한 반작용으로 성장률이 급등하던 국면이었다. 두 번째 금리 역전기는 분기 성장률이 평균 5.3%, 물가상승률이 2.3%였고 세 번째 역전기는 평균 성장률이 2.4%, 소비자물가상승률이 0.9%였다. 하지만 2022년부터 진행된 역전 기간에는 분기별 경제성장률이 평균 1.7%, 소비자물가상승률은 5.1%를 기록하고 있다. 역대 한미 금리 역전 기간 중 성장률은 가장 낮고 물가상승률은 가장 높다. 성장률은 하락하고, 물가는 고공행진을 벌이면서 거시경제 환경이 가장 좋지 않은 국면에 한미 금리 차까지 최대로 벌어진 것이다. 이 같은 상황을 반영해 달러당 원화 환율도 1300원대로 떨어졌다. 2024년에도 이런 흐름이 반전되기는 어려울 것으로 보인다. 미국이 금리를 조속히 낮출 것 같지도 않고 우리나라가 금리를 올

릴 것 같지도 않아 한미 금리 차는 계속될 것으로 보인다. 이런 상황에서는 원·달러 환율이 1200~1300원 사이에서 상당 기간 횡보할 가능성이 높다. 과거 우리나라 경제 흐름과 비교했을 때 상당 기간 고환율이 지속되는 상황인 셈이다.

경기 흐름도 과거에 비해 유리하지 않다. 통계청이 발표하는 경기동행지수 순환변동치를 기준으로 평가한 경기 진행 국면을 살펴보면 첫 번째 금리 역전기는 경기가 상승-하강-상승을 반복하는 역동적인 국면이었다. 두 번째 금리 역전기에 경기는 완연한 상승 국면이었다. 하지만 세 번째와 현재 경기는 하강 국면이다. 경기가 상승할 때는 주식시장이 호황을 보이고 이를 기대한 외국인 주식 투자자금이 유입되는 경우가 많다. 하지만 경기 하강 국면에서는 주식 투자자금의 적극적인 유입을 기대하기 힘들다. 그렇다고 미국이 한국보다 훨씬 금리가 높은데 채권 투자자금이 많이 유입될 것으로 기대하기는 더욱 어렵다. 과거에는 '한미 금리 역전→환율 상승→무역수지 흑자·경기회복→외환시장 안정'과 같이 일종의 선순환 고리가 형성됐던 반면 지금은 '한미 금리 역전→환율 상승→경기침체→환율 추가 상승→자본 이탈 심화'

로 이어지는 악순환 고리가 형성될 가능성도 있다.

우리나라 금융정책의 공간은 갈수록 줄어들고 있다. 물가는 높고 경기는 위축되고 있어 금리를 올려 해외로 이탈하는 자금을 막기에는 역부족이다. 2024년 총선을 앞두고 돈을 풀어 환심을 사려는 포퓰리즘적 정치 논리는 더욱 기승을 부릴 것으로 보인다. 그러다 보면 우리나라 대내 문제와 대외 문제가 서로 뒤섞여 경제 원칙이 무너지고 시장 혼란은 심해진다. 한미 금리 차가 사상 최대 수준으로 확대되면서 대외 균형이 불안한 상태에서는 경제정책의 우선순위도 대외 균형 확보에 둬야 한다. 개방도가 높은 우리나라 입장에서는 대외경제가 안정돼야 국내 경기를 부양하기 위한 정책의 공간이 생긴다. 현실적으로 두 마리 토끼를 모두 잡지 못할 상황이라면 한 마리 토끼라도 확실히 잡는 것이 미래를 도모하는 방법이다.

인플레이션·불황을
수출하는 미국

미국 경제의 움직임은 미국만의 일이 아니다. 전 세계 경제에 영향을 미친다. 특히 우리나라 경제는 미국과 긴밀하게 얽혀 있다. '미국이 기침을 하면 우리나라는 감기에 걸린다'는 말이 나올 정도로 미국 경제의 움직임은 우리나라 경제와 직결된다. 앞으로 미국 경제의 흐름을 예측하는 것은 재테크 전략을 세우는 데 매우 중요하다. 미국 경제 예측에 기본이 되는 것이 '비즈니스 사이클'이다.

그런데 날씨만큼 변덕스러운 것이 경제다. 어떤 날은 해가 쨍쨍 내리쬐는데 어떤 날은 흐리고 비가 오는 것처럼 어느 날은 물건이 날개 돋친 듯이 팔렸는데 어느 날은 재고가 쌓여가기만 한다. 어제는 일할 사람을 찾지 못해 난리였는데 오늘은 멀쩡히 다니던 직장을 나가라고 한

다. 경제 부침에 사람들의 희로애락도 바뀐다. 경제가 호황을 거쳐 정점에 다다르면 하강기를 겪고 하강이 계속되면 바닥에 도달한 후 다시 상승하는 시기를 거쳐 정점에 도달한다. 반복되는 이 과정이 '비즈니스 사이클'이다. 이 사이클에 따라 소득과 고용이 출렁거리고 주식과 부동산 등 자산 가격이 오르내린다. 300년의 자본주의 역사상 예외는 없었다. 수많은 경제학자가 비즈니스 사이클을 설명하려고 백방의 노력을 했지만 명쾌한 설명을 내놓지 못했다. 정부 정책도 복잡한 것 같지만 최종 목적은 호황과 불황 간 경기의 진폭을 줄이는 것이다. 미국의 비즈니스 사이클을 살펴보자.

전미경제연구소(NBER)가 1854년부터 2020년까지 166년간 생산, 고용, 소비 등

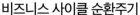

비즈니스 사이클 순환주기

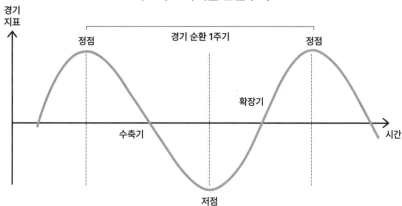

각종 지표를 활용해 미국의 경기 순환 과정을 분석했다. 그들이 분석한 내용에 따르면 미국은 이 기간 중 경기순환 주기를 총 33번 겪었다.

경기가 정점에서 출발해 하강한 후 저점을 형성하고 다시 상승기에 돌입해 정점까지 오는 기간이 한 주기다. 정점에서 저점까지 오는 기간을 수축기, 저점에서 정점까지 도달하는 기간이 확장기다. 미국의 경우 하나의 주기가 형성하는 기간은 평균 5년(59개월) 안팎이다. 순환 주기가 가장 짧았던 적은 대공황 전인 1920년대로 17개월, 주기가 가장 길었던 때는 2008년 금융위기 이후부터 코로나19 사

태 전까지 기간인 146개월이다.

특징적인 것은 시간이 지나면서 미국 경제의 수축기는 짧아지고 확장기는 길어졌다는 점이다. 1854년부터 1919년까지 초기 65여 년 동안 경기 수축기는 21.6개월, 확장기는 26.6개월로 파악됐다. 수축과 확장의 기간이 엇비슷했다. 1919년부터 1945년까지 30년가량은 수축기가 18.2개월, 확장기가 35개월이었다. 수축기는 이전보다 3개월 정도 줄어든 반면 확장기는 9개월가량 늘었다. 2차 세계대전 후인 1945년부터의 변화는 훨씬 극적이다. 1945년부터 2020년까지 75년간 수축기는 평균 10.3개월, 확장기는 64.3개월

이다. 확장기가 수축기의 6배를 넘는다.

특히 코로나19로 극심한 경기침체가 우려됐던 기간에 미국 경제의 수축기는 단 2개월(2020년 2~4월)에 불과했다. 이후 바로 확장 국면에 접어들었다. 미국 경제는 수축기를 극단적으로 줄이고 확장기는 대폭 늘리는 경제로 변해가고 있다. 이 추세가 이어진다면 미국은 자본주의경제의 아킬레스건인 '불황'과 '침체'로부터 탈피할 수 있다는 얘기도 나온다.

다른 나라의 경기순환 과정은 미국과 사뭇 다르다. 일본은 1990년대 이후 30여 년간 장기 침체 국면을 겪었다. '잃어버린 30년'이라는 장기 불황을 겪으면서도 그 안에서 확장과 수축기를 반복했다. 일본 내각부 통계에 따르면 일본 경제는 1951년부터 2020년까지 약 70년간 총 16번의 경기순환을 거쳤다. 이 중 확장기는 평균 38.5개월, 수축기는 평균 16.3개월로 파악됐다. 유럽연합통계청(Eurostat)에 따르면 유로존은 2000년 이후 경기 확장기가 평균 38.5개월, 수축기는 27개월로 조사됐다.

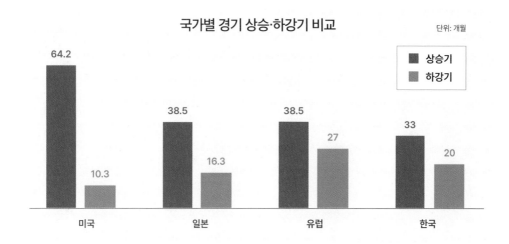

국가별 경기 상승·하강기 비교

단위: 개월

■ 상승기
■ 하강기

미국 상승기 64.2 / 하강기 10.3
일본 상승기 38.5 / 하강기 16.3
유럽 상승기 38.5 / 하강기 27
한국 상승기 33 / 하강기 20

우리나라는 1972년부터 통계청이 경기 순환 주기를 조사해 발표하고 있다. 이때부터 2020년까지의 순환 주기를 살펴보면 확장기는 평균 33개월, 수축기는 20개월이다. 한국·유럽·일본 등과 비교했을 때 미국의 경기 하강 기간은 훨씬 짧고 상승 기간은 훨씬 길다. 미국과 다른 나라 간 비즈니스 사이클의 '디커플링'이 본격화되고 있다. 각국이 경기 하강을 막으려고 백방으로 노력하면서 갖은 정책 아이디어를 내놓고 있지만 실제 성과는 미국에 훨씬 못 미친다. 무슨 비결이 있는 걸까.

미국의 비즈니스 사이클이 이상적인 방향으로 바뀐 이유로는 여러 가지가 꼽힌다. 먼저 산업구조의 변화다. 미국 상무부 경제분석국(BEA)에 따르면 국내총생산(GDP)에서 각 산업 비중(부가가치 기준)은 2차 세계대전 후 극적으로 바뀐다. 1947년에는 미국 GDP에서 민간 제조업 비중이 39.3%에 달했으나 2021년에는 이 비중이 17.1%로 22.2%포인트나 줄었다. 반면 민간 서비스업 비중은 47.2%에서 70.9%로 23.7%포인트 급상승했다.

서비스업 중 금융·보험·부동산업 비중이 10.3%에서 21%로 크게 늘었고, 정보기술 분야는 과거 존재감이 없었지만 2021년에는 GDP의 7.6%를 차지할 정도로 중요한 산업으로 부상했다. 제조업 중심국에서 서비스업 중심 국가로 탈바꿈한 것이다. 제조업은 서비스업에 비해 상대적으로 생산과 소비 기간이 길고 환경 변화에 재빨리 적응하기도 어렵다. 미국은 서비스업 비중이 늘어나면서 침체 기간을 줄일 수 있었다.

세계 경제에서 미국의 지배력이 확대되면서 정책 효과가 배가된 것도 원인이다. 산이 높으면 골이 깊듯이 경제 호황이 길면 불황도 긴 것은 당연하다. 하지만 미국은 긴 호황을 거쳐 불황이 찾아오면 다른 나라가 생각할 수 없는 파격적이고 과감한 정책을 꺼내들었다. 미국 경제는 1960년대 9년에 걸친 확장기를 거친 후 1970년부터 본격적인 수축기에 접어들었다. 당시 물가 상승과 경기침체가 동시에 진행되는 스태그플레이션 조짐이 보이자 리처드 닉슨 정부는 달러를 금으로 바꿔주는 각국과의 약속을 깨고 이를 전격적으로 중단하는 '금태환 중지' 정책을 일방적으로 내놨다. 그러면서 사우디아라비아와 원유를 달러로만 거래하는 '페트로 달러' 협정을 맺었다. 미국의 경제적 지배력과 정치 군사적 역량까지 동원해 내놓은 정책들이다.

미국은 이를 통해 달러 가치의 급락을 막았고 이후 경제는 불황에서 빠져나왔다. 2001년부터 2008년까지 7년에 걸친 경기 확장 국면을 거치면서 미국 경제에 거품이 형성됐다. 이 거품이 꺼지면서 2008년 금융위기가 닥쳤다. 이때 미국은 제로금리와 양적완화(QE)라는 또 다른 파격적인 정책을 내놓으면서 경제를 살렸다. 2020년 2월 코로나19로 경기가 급강하하자 이번엔 '무제한 양적완화' 카드를 꺼냈다. 미국 경제는 이때 2개월이란 짧은 하강 국면을 겪은 후 곧바로 상승하는 'V자 반등'을 만들어냈다.

미국만 유독 경기 확장 국면이 장기화되는 비즈니스 사이클이 만들어지는 것은 미국의 경제 지배력이 확대되고 기축통화인 달러의 힘이 강해지는 것과 관련 있다. 여기에는 다른 나라들의 참여와 희생이 따른다. 개발도상국에서 저임금 노동에 기반한 제조업이 활성화되면서 미국은 제조업을 아웃소싱하고 금융과 정보기술(IT) 등 고부가가치를 만드는 서비스업에 집중할 수 있었다.

미국이 양적완화를 통해 무제한 돈을 풀었지만 미국 내에서 급속한 인플레이션이 유발되지 않은 것은 세계 각국이 외환

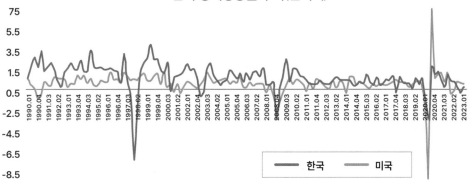

한미 경제성장률 추이(전기비)

범례: 한국 / 미국

보유액 형태로 달러를 쌓아놓으면서 달러 수요를 지속적으로 늘렸기 때문에 가능한 일이었다.

미국은 이 같은 정책으로 인플레이션과 불황에 대한 부담을 다른 나라로 전이하면서 경기 확장 국면을 늘려갔다. 반면 다른 나라들은 달러가 밀물처럼 들어왔다가 썰물처럼 빠지면서 외환·금융시장의 변동성이 더 커지는 부담을 안게 됐다. 일부 개도국은 달러 움직임에 따라 국가 부도의 위기를 겪기도 했다. 이 같은 불균형은 21세기 세계 경제의 또 다른 불안 요인이 되고 있다.

미국 경기 흐름을 보면 미래도 어느 정도 예측할 수 있다. 미국 비즈니스 사이클은 2020년 4월부터 진행된 확장 국면이 이어지고 있다. 미국 연방준비제도(Fed·연준)가 2022년 3월부터 인플레이션을 잡기 위해 계속 금리를 올리고 있지만 통화 긴축에 따른 경기침체 움직임은 아직 나타나지 않고 있다. 2023년 1분기 실질 GDP 증가율은 전기 대비 연 2%를 기록했고 2분기에도 1.5% 정도 성장할 것으로 예상된다. 2023년 9월 실업률은 3.8%로 완전고용 수준에 근접해 있다.

산업생산과 소매매출 등의 지표는 등락을 거듭하고 있지만 아직 침체를 예고하는 지표는 발견되지 않고 있다. 미국 경제의 평균 확장 국면이 64개월 정도였던 것을 감안하면 2025년 상반기까지 확장 국면이 이어질 것이라는 예측도 가능하다. 연준이 인플레이션을 잡기 위해 계속 금리를 올리고 있는 것도 이 같은 경기에 대한 자신감에서 비롯된 것이다. 고금리가 상당 기간 지속될 수 있다는 전망이 나오는 이유다. 국제통화기금(IMF)은 2023년 미국 경제 GDP 성장률을 2.1%, 2024년은 1.5%로 예측했다. 2023년보다 2024년에는 성장률 감소폭이 큰 편이다. 하지만 2023년 하반기로 갈수록 미국 경제성장률 하락이 크지 않을 것이라는 전망이 확산되고 있다. 2022년부터 2023년까지 미국이 기준금리를 대폭 올리면서 경기침체에 대한 우려가 커졌지만 생각보다 미국 경제가 견조하다는 것이 지표로 나타나고 있기 때문이다. 이에 따라 2024년에도 미국 경제는 상당히 안정적인 성장세를 유지할 가능성이 높아지고 있다.

우리나라는 미국과 상황이 다르다. 산업구조가 서비스업 일변도로 재편되지도 않았고 정부 정책 효과도 미국처럼 강력하지 않다. 우리나라 GDP에서 광공업과 제조업 비중은 1970년 39.2%에서 2021년에는 42.7%로 소폭 늘었다. 같은 기간 서비스업 비중은 38.6%에서 48.7%로 증

가했다. 우리나라의 통화정책은 국내 경기는 물론 환율과 무역수지 등 대외 변수까지 감안해 펼쳐야 하기 때문에 정책 효과도 불확실하다.

우리나라의 경기 국면은 2020년 5월 코로나19에 따른 저점을 겪은 후 상승기에 접어들어 2022년 9월 정점을 찍은 후 다시 하강 국면이 진행되고 있는 것으로 관측된다. 우리나라 경기 하강 국면 기간이 평균 20개월 정도였던 것을 감안하면 우리 경제는 2024년 상반기에나 경기 저점을 형성할 것이라는 전망이 나온다.

12년 실력 발휘 못 한 한국 경제 2024년도 복병 많다

'2.9%→2.1%→2.0%→1.7%→1.4%'. 국제통화기금(IMF)이 2022년 4월부터 2023년 10월까지 우리나라 2023년 경제성장률을 조정한 기록이다. 2022년 4월에는 우리 경제가 2023년 2.9% 성장할 것으로 예상했지만 정작 2023년 10월에는 우리 경제가 1.4% 성장하는 데 그칠 것으로 전망했다. 불과 1년여 기간에 성장률 전망치가 반 토막 난 것이다. 같은 기간 IMF는 세계 경제성장률 전망을 3.6%에서 3%로 하향 조정했다. 미국 경제는 2.3%에서 2.1%로, 일본 경제는 2.3%에서 2.0%로 성장률 전망치를 수정했다. 다른 나라에 비해 한국의 성장률 하향 조정폭이 압도적으로 크다. 우리나라 정부와 한국은행도 2023년 우리 경제가 '상저하고'(성장률이 상반기에 낮고 하반기에 높음)의 양상을 보일 것으로

예상했다. 하지만 시간이 지나면서 '상저하저'에 가까울 것으로 전망된다.

2024년에도 상황은 크게 달라지지 않는다. IMF는 2024년 우리 경제성장률 전망치를 2.4%로 제시했다. 2023년 성장률 전망보다 1%포인트 높은 수치다. 하지만 이런 숫자가 달성될지는 두고 봐야 한다. 우리 경제 상황을 살펴봤을 때 내년에도 빠른 반등을 기대하기 어렵다. 몇 가지 이유를 살펴보자.

국가의 경제 성적 평가와 전망에 활용되는 지표 중 하나가 잠재 국내총생산(GDP)이다. 이는 한 나라의 인구와 자본 기술 등 가용 자원을 동원해 만들어낼 수 있는 가상의 생산 가치를 말한다. 한마디로 경제의 기본 실력이다. IMF 자료를 활

12년째 잠재 GDP에 못 미치는 한국 경제

단위: GDP갭률=%

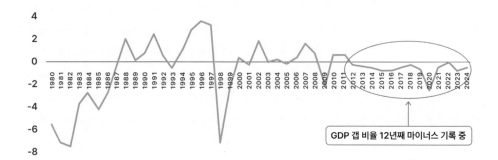

GDP 갭 비율 12년째 마이너스 기록 중

자료: IMF

용해 계산하면 2022년 미국의 잠재GDP는 22조2300억달러, 한국은 1조5357억달러 정도다. 미국이 한국보다 14배 이상 많다. 다음 실제 GDP가 잠재GDP에 얼마나 근접했는지를 놓고 경제 성적을 매긴다. 실제 GDP가 잠재GDP를 능가하면 실력보다 더 많이 생산한 것이고, 미달하면 실력 발휘를 하지 못한 것이다. 그런데 10년이 넘게 실제 GDP가 잠재GDP에 미달한다면 어떻게 평가해야 할까.

예를 들어 평소 실력으로 80점 정도 맞을 수 있는 학생이 매번 50~60점을 받는다면 뭔가 큰 문제가 있는 것이다. 이런 기준을 적용하면 한국 경제는 2010년대 이후 단단히 고장 났고 지금까지 고쳐지지 않고 있다. IMF가 발표하는 'GDP갭률'을 통해 각국 경제를 평가해보면 2012년 이후 우리나라 경제 성적이 유독 안 좋게 나온다. GDP갭 비율은 잠재GDP에서 실질GDP를 뺀 수치를 잠재GDP로 나눈 값이다. 실물경제가 경제의 기본 실력에 비춰볼 때 어느 정도의 성과를 냈는지 평가하는 지표로 활용된다.

GDP갭률을 통해 잠재GDP를 추정하고 이를 실질GDP와 비교해본 결과 우리나라는 2012년부터 2022년까지 실질GDP가 잠재GDP에 상당 폭 미달했다.

예를 들어 2011년 우리나라 실질GDP는 1479조원, 잠재GDP는 1471조원으로 계산됐다. 그해 우리나라는 기본 실력보다 8조원 이상 더 많이 경제적 가치를 만들어내고 소비했다. 2012년에는 실질GDP는 1515조원, 잠재GDP는 1521조원으로 관계가 역전됐다. 실력보다 6조원가량 생산을 못 했다. 이때부터 우리 경제는 만성적인 부진의 늪에 빠졌다. 2013년에 실질GDP는 1563조원, 잠재GDP는 1570조원으로 실질GDP가 잠재GDP에 7조원 이상 못 미쳤다.

이런 현상이 계속돼 2022년에는 실질GDP가 1969조원, 잠재GDP는 1971조원이었다. 12년째인 2023년에는 이 차이가 더 커질 전망이다. IMF에 따르면 2023년 우리나라 실질GDP는 1996조원, 잠재GDP는 2012조원으로 실질GDP가 16조원가량 모자랄 것으로 추정됐다.

우리 경제가 늘 이랬던 것은 아니다. 1980년 이후 2011년까지 추세를 살펴보면 우리 경제는 한두 해는 실력보다 더 많이 생산했고 그다음 한두 해는 실력보다 더 적게 생산하는 과정이 반복된다. 경제의 기본 실력을 중심으로 위아래로 출렁이는 것은 자연스러운 현상이다.

하지만 12년 연속으로 실질GDP가 잠재GDP에 못 미쳤다면 얘기는 달라진다.

다른 나라와 비교해도 우리 경제의 문제가 도드라진다. 경제에 충격이 오거나 불황이 닥치면 실질GDP가 잠재GDP에 못 미치는 기간이 길어진다. 많은 나라에서 2008년 글로벌 금융위기와 코로나19가 닥친 2020년을 전후로 실질GDP가 잠재GDP에 상당 폭 못 미치는 현상이 발생했다. 하지만 대부분의 나라들은 충격으로부터 회복해 실질GDP가 잠재GDP를 넘어서는 수준까지 도달했다.

나름대로 경제의 회복탄력성을 보여준 셈이다. 1990년 이후 '30년 장기불황'을 겪은 일본은 2016~2019년 실질GDP가 잠재GDP를 넘어섰다. 2008년 금융위기의 발원지 미국도 한동안 장기 불황을 겪었지만 2021~2023년에는 복원력을 발휘해 실질GDP가 잠재GDP를 능가했다. 경제 규모가 한국과 비슷한 호주, 스웨덴, 캐나다 등도 비슷한 회복력을 발휘했다. 2012년 이후 12년째 잠재GDP 수준을 회복하지 못한 나라는 한국이 거의 유일하다.

한국의 경제 회복력이 상실된 이유는 뭘

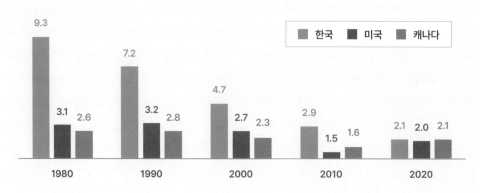

국가별 잠재 성장률 변화

단위: %

한국 ■ 미국 ■ 캐나다

	1980	1990	2000	2010	2020
한국	9.3	7.2	4.7	2.9	2.1
미국	3.1	3.2	2.7	1.5	2.0
캐나다	2.6	2.8	2.3	1.6	2.1

자료: IMF

까. 경제 전문가들의 얘기를 종합하면 우리 경제의 구조적 문제를 지적하는 목소리가 컸다. 먼저 눈에 띄는 것은 소비와 투자의 심각한 위축이다. 한국은행에 따르면 1990년대 9%가 넘었던 민간소비 증가율은 2020년대에는 1%대로 급락했다. 2010년대 들어 가계부채가 소득에 비해 훨씬 빠른 속도로 늘어난 점이 이유로 꼽힌다.

2010년부터 2022년까지 13년간 가계대출과 판매신용을 합한 우리나라 가계신용의 평균 증가율은 6.9%로 계산됐다. 같은 기간 1인당 국민총소득 증가율 3.9%를 훨씬 뛰어넘는다.

부동산값 불안으로 일단 빚을 내서 집을 사고 소득으로 대출 원리금을 갚기에 바쁜 사람들이 늘어나면서 소비는 갈수록 위축되고 있다. 기업 투자도 사정은 비슷하다. 1990년대 15%가 넘었던 민간투자 증가율은 2020년대에는 3% 밑으로 뚝 떨어졌다.

미래 성장 동력과 직결되는 설비 투자도 비슷한 비율로 떨어졌고 연구개발(R&D)과 관련한 지식재산 투자 증가율은 같은 기간 20%대에서 4% 선으로 급락했다. 하락 속도가 다른 나라보다 훨씬 빠르다. 위험을 감수하고 미래를 위해 투자하는 기업가 정신이 퇴색되고 각종 규제와 노사 분쟁 등으로 갈수록 기업하기

어려운 나라가 되고 있는 한국의 현실이 투자 감소의 원인으로 지적된다.

소비와 투자 부진이 이어지면 미래 성장 동력을 갉아먹고 이는 잠재성장률 하락으로 나타난다. IMF 자료로 계산한 우리나라 잠재성장률은 1980년대 9.3%에서 1990년대 7.2%, 2000년대 4.7%, 2010년대 2.9%, 2020년대 2.1% 등으로 낮아졌다. 2% 정도의 잠재성장률은 우리나라보다 경제 규모가 10배 이상 큰 미국과 비슷한 수준이다.

그만큼 우리나라가 경제 규모에 비해 잠재성장률이 낮다는 의미다. 실물경제가 위축되면서 경제의 잠재 능력을 깎아 먹고 이는 다시 실물경제를 위축시키는 악순환 고리가 2012년 이후 이어지고 있다. 경제 실력이 점점 떨어지면서도 그 실력만큼 성과를 못 내는 것이 우리 경제의 현주소다.

현재도 이 같은 추세는 이어진다. IMF는 2024년 우리나라 GDP갭 비율을 –0.548%로 추정했다. 2024년에도 여전히 실질 GDP가 잠재GDP에 한참 못 미친다는 예상이다. 우리나라의 잠재성장률 수준이 연 2%이고 2024년에도 우리나라가 잠재GDP 수준을 회복하기 힘들다면 본격적인 경기 반등을 기대하기는 어렵다. 거시경제 환경도 녹록지 않다. 한국과 미국 간 기준금리 차이가 2%포인트나 나는 상황에서 경기 부양을 위해 기준금리를 낮추기는 어렵다. 국가채무가 늘어나면서 재정도 위태롭다. 정부가 재정에서 돈을 풀면 국가신인도 하락과 국채 금리 상승으로 자금시장이 요동칠 위험이 크다. 거시정책보다 근본적인 구조개혁을 통해 돌파구를 마련해야 한다.

경제가 실력 발휘를 못 할 때 정부가 경제정책을 펴서 일시적으로 경제를 부양할 수도 있다. 하지만 2010년대 이후 우리나라 경제정책은 침체된 경제에 활력을 불어넣는 데 실패했다. 정권이 바뀔 때마다 경제정책의 근간이 흔들렸고 정책의 연속성은 떨어졌다. 국가의 미래보다 정권의 안정을 위해 경제정책을 동원하는 포퓰리즘적인 행태도 강했다. 그러다 보니 정부는 책임을 지지 않으려는 보신주의에 빠지고 시장 기대를 뛰어넘는 정책의 과감성은 실종됐다.

미국은 2008년 금융위기에 이어 2020년 코로나19 사태로 경제가 침체에 빠지자 '무제한 양적완화'라는 정책을 내놔 시장을 뒤흔들었다. 아베노믹스로 대표되는 일본의 마이너스 금리정책과 대규모 규제 완화는 후임 기시다 후미오 정부에서도 그대로 이어지며 뒤늦게 성과를 발휘

하고 있다. '과감성과 뚝심'이라는 경제정책의 핵심 원칙을 2010년 이후 우리 정부 정책에서는 찾아볼 수 없다. 보수와 진보 정권이 번갈아 가며 들어섰지만 어느 정권도 이런 굴레에서 벗어나지 못했다.

부동산 안정과 가계부채를 줄이기 위한 구조적·제도적 접근, 기업들의 생산적인 투자를 유도할 수 있는 규제 완화와 노사관계 개혁 등도 필요하다. 구조개혁의 필요성은 2010년대 이후 10년 넘게 요구된 문제다. 무엇을 할 것인지는 어느 정도 분명해졌다. 하지만 '어떻게' 할 것인지를 심각하게 고민한 정부는 없었다. 그러다 보니 국민과 정치권을 설득하고 전략을 실천하기 위한 실질적인 행동이 없었다. 그 결과 구조개혁은 번번이 실패했다. 2024년에는 우리나라 국회의원 선거가 열린다. 선거 때만 되면 정부가 돈을 풀어 경기가 반짝했다가 선거가 끝나면 다시 고꾸라지는 현상이 반복될 것이 우려된다.

중국 경제 회복…
정치에 달려 있다

2024년 중국 경제의 문제는 역설적이지만 '정치'에서 해법을 찾아야 한다. 하지만 중국 정치는 경제에 우호적인 방향으로 흘러갈 단초가 보이지 않는다. 국제통화기금(IMF)은 중국 경제의 성장률이 갈수록 떨어져 2027년에는 3%대가 될 것으로 전망했다. 성장률 하락 속도가 예사롭지 않다. 중국 경제는 앞으로 어떤 도전을 받게 될까. 정치와 경제적 측면으로 중국이 받게 될 도전을 나눠볼 수 있다.

사회주의 국가인 중국 사회를 알기 위한 방법 중 하나가 '모순론'을 이해하는 것이다. 중국은 건국 때부터 국가의 주요 모순을 규정하고 이를 해결하기 위해 각종 정책을 펴왔다.

중국 근대사로 이를 보여준다. 마오쩌둥은 1920년 공산당을 창당한 후 중국의 주요 모순을 '생산력과 생산관계의 모순'으로 정의했다. 생산력이란 당시 중국의 경제 발전 단계에서 물건을 만들어낼 수 있는 능력을 말한다. 생산관계는 생산에 임하는 사람들 사이의 관계다. 봉건제 국가였던 중국의 주요 생산관계는 농노와 지주 간 관계였다. 마오쩌둥은 농노와 지주 간 관계가 중국 생산력을 발전시키는 데 장애가 된다고 봤다. 이 모순을 해결하기 위해서는 농민이 주도하는 사회주의 혁명이 필요하다고 역설했고 이를 실천했다. 혁명은 성공했고 중국은 사회주의 국가로 탈바꿈했다. 단순 명료한 모순론에 대한 중국 사람들의 지지가 혁명의 동력이 됐다.

마오쩌둥 다음으로 중국의 주요 모순을 건드린 사람은 덩샤오핑이다. 그는 1981년 '인민의 물질적 수요와 낙후된 생산력 간의 모순'을 중국의 주요 모순으로 새롭게 규정했다. 주요 모순을 바꾼다는 것은 기존 마오쩌둥의 한계를 지적하고 새로운 시대를 위해 근본적인 전략을 수정한다는 의미다. 중국 사람들의 물질적 수요는 늘어나는데 국가 소유와 정부에 의한 분배를 토대로 하는 사회주의 국가의 생산력은 수요를 충족할 수 없었다. 덩샤오핑은 새로운 모순을 해결할 방법으로 시장경제를 전격 도입했다. '검은 고양이건 흰 고양이건 쥐를 잘 잡으면 최고'라는 '흑묘백묘'론은 중국 사회를 뒤흔들었다.

덩샤오핑 시대에 사회주의 국가에서 금기시했던 개인들의 사적 소유가 확산됐고 시장경제 시스템이 광범위하게 도입됐다. '능력만큼 일하고 필요한 만큼 분배한다'는 공산주의 원리는 '부자가 될 수 있는 사람부터 부자가 되라'는 '선부론'에 밀렸다. 그 결과 중국은 연평균 10%가 넘는 성장률을 기록하며 비약적인 경제 발전을 이뤘다. 마오쩌둥과 덩샤오핑의 모순론은 중국에서 당대는 물론 역사적으로도 검증받았다.

마오쩌둥과 덩샤오핑에 이어 중국의 '주요 모순'을 건드린 사람은 시진핑이다. 시진핑은 2017년 10월 19차 당대회에서 중국의 주요 모순을 '인민의 아름다운 생활에 대한 수요와 불균형, 불충분 간의 모순'으로 새롭게 정의했다. 시진핑은 주요 모순을 새로 내세우며 인민의 복지를 늘리고 자본주의적 시장경제가 낳은 불평등과 부패 문제 등을 해결해 중국판 복지국가인 '샤오캉사회'를 이루겠다는 의지를 피력했다.

시진핑은 100년의 중국 공산당 역사에서 주요 모순을 바꾼 세 명 중 한 명으로 위상이 급상승했다. 단번에 안팎의 시선이 쏠렸다. 시진핑은 2023년 3월 전국인민대표대회(전인대)에서 국가주석으로 재선출되며 중국 공산당 100년 역사상 처음으로 국가주석을 3번 연임하는 인물이 됐다. 국가주석 마오쩌둥과 덩샤오핑도 하지 못했던 일이다. 이로써 중국에서 '시진핑 1인 체제'는 더욱 공고해졌다. 경제적으로는 시장경제를 도입해 발전을 이뤘지만 정치적으로는 사실상 1인 독재 체제가 형성되는 상황이 연출됐다. 중국은 시진핑이 제기한 모순을 해결하며 발전해 나갈 수 있을까.

중국 경제성장률과 1인당 국민소득 추이

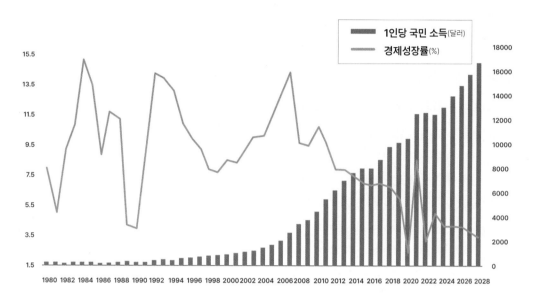

자료: IMF

찬찬히 따져보면 시진핑이 제기한 주요 모순에서 중국이 안고 있는 고민이 보인다. 우선 모순이 담고 있는 모호성이다. 시진핑이 제기한 주요 모순에서 '아름다운 생활'이 무엇인지, 어느 정도가 불균형하고 불평등한 것인지 명확하지 않다. 모순이 단순하고 명확해야 거기서 실천의 힘이 나온다는 것은 마오쩌둥과 덩샤오핑이 보여준 교훈이다. 시진핑은 이 교훈을 따르지 않았다.

주요 모순을 해결하기 위한 해법도 상충된다. 중국은 기업을 통한 경제 혁신은 강조하면서 불평등 해소를 위한 정부의 시장 개입은 강화한다. 중국 안에서는 경제에 대한 통제를 강화하면서 밖에서는 자유무역에 기반을 둔 세계화를 외친다. 앞뒤가 맞지 않는 느낌이다. 미국과 무역전쟁을 벌일 때 중국은 언제나 '미국이 자유무역 질서를 훼손하고 있다'고 비판한다. 중국은 2001년 세계무역기구(WTO)에 가입한 이후 다른 나라에 대한 수출을 급속히 늘리며 고도성장을 이뤘다. 하지만 이 과정에서 중국 기업에 보조금을 지급하고 중국에 진출한 해외 기업들을 차별함으로써 불공정 경쟁을 조장했다는 비판도 제기된다. 이처럼 중국의 이율배반적인 행동에 대해 많은 나라가 비판적인 목소리를 높이고 있다. 시진핑 정부의 경제정책도 이런 비판에서 자유롭지 못하다. 오히려 시진핑 주석이 사상 초유의 3연임을 강행하면서 경제에 대한 공산당의 지도는 한층 강화됐다. 공산당의 지도라는 이름 아래 독재가 심해지면 하부구조인 경제와 상부구조인 정치 사이의 괴리는 더 커질 수도 있다. 중국은 공산당 지도 아래 시장경제의 문제를 해결하는 역사상 초유의 실험을 하고 있다. 경제 발전과 민주주의는 동전의 양면이라는 것이 국제 정치와 경제의 기본이다. 독재정치와 시장경제의 양립을 추진하는 중국식 모델에 대한 회의감은 커지고 있다.

중국이 처한 경제적인 도전은 '소득 1만 달러의 함정'이다. IMF에 따르면 중국의 2023년 1인당 국내총생산(GDP)은 1만 2500달러에 달한다. 일반적으로 국가경제는 초기 경제 발전 단계에서 성공가도를 달리다가도 1인당 GDP가 1만달러에 도달할 때쯤 성장의 정체기를 겪는다. 그동안 고도성장한 데 따른 피로감이 작용한다. 또 경제 발전 초기에는 정부의 입김이 셌지만 이때부터는 성장을 지속하기 위해 민간의 창의적인 역할이 절대적으로 필요하다. 이런 변화에 제대로 적응하지 못한 나라는 경제위기를 겪기도 한다. 예를 들어 수험생의 경우 부모가 열심히 가르치거나 뛰어난 학원 강사를 만나 지도를 받으면 70점까지는 성적이 오를 수 있지만 80점, 90점대로 더 오르려면 본인의 노력이 가미돼야 가능한 것과 비슷하다. 중국도 1인당 GDP 1만달러 수준까지는 국가주도 경제를 통해 달성했지만 앞으로는 민간의 역할이 한층 더 가미돼야 추가적인 성장을 할 수 있을 것으로 보는 시각이 많다.

IMF 자료에 따르면 중국 경제성장률은 2007년에 14%까지 치솟았다. 중국처럼 거대한 경제가 14%의 성장률을 기록하는 것은 어마어마한 일이다. 이후 중국 경제는 2011년까지 9~10%의 성장률을 올렸다. 이 성장률이 2015년에는 7%대로 떨어졌고 2018년에는 6%, 2019년에는 5%로 하락했다. 코로나19를 거치면서 중국 경제성장률 하락 속도는 더 빨라졌다. IMF는 2024년 중국 경제성장률

이 4.1%, 2028년에는 3%대로 하락할 것으로 전망했다. 경제 규모가 커지면서 성장률이 갈수록 하락하는 것은 일반적이다. 하지만 중국은 그 속도가 갈수록 빨라지고 있다. 중국은 2019년 1인당 GDP가 1만달러를 넘어섰고 2028년에도 1만6000달러 선에 그칠 것으로 예상된다. 미국은 1978년 1인당 GDP가 1만달러를 돌파했고 이후 1988년 2만달러를 넘어섰다. 일본은 1981년 1만달러를 넘어섰고 1987년에는 2만달러를 돌파했다. 1만달러에서 2만달러까지 걸린 시간은 6년이었다. 한국은 1994년에 1만달러를 돌파했고 12년 만인 2006년에 2만달러를 넘어섰다. 반면 중남미 국가인 멕시코는 2007년 1인당 GDP 1만달러를 넘어섰지만 2028년에도 여전히 1만달러를 벗어나지 못할 것으로 예상된다. 아르헨티나도 2010년 1만달러를 넘어선 후 이 덫에 갇혀 있다. 중국이 미국, 한국, 일본과 비슷한 성장의 길을 걸을 것인지 아니면 아르헨티나와 멕시코처럼 1만달러의 덫을 벗어나지 못할지 주목된다.

아울러 많은 나라가 1인당 GDP 1만달러 시대에 큰 경제위기를 겪었다. 미국은 1970년대 연이은 국제유가 급등으로 물가 상승 속 경기침체가 발생하는 스태그플레이션 위기를 겪었다. 일본은 1985년 '플라자 합의'를 통해 엔화 값이 인위적으로 대폭 절상되는 아픔을 겪었다. 한국은 1997년 외환위기를 통해 IMF에서 구제 금융을 받았다. 중국 경제도 최근 들어 곳곳에서 위기 징후가 노출되고 있다.

중국 경제는 그동안 대외적으로는 수출, 대내적으로는 투자를 통해 고도성장을 이뤄왔다. 특히 건설·부동산 부문에 대한 투자가 중국 경제성장의 원동력이었다. 하지만 2020년을 전후로 두 가지 모두가 위기를 맞고 있다. 중국은 2001년 WTO에 가입한 후 글로벌 자유무역 질서에 편승해 수출을 늘렸다. 자유무역의 혜택은 누렸지만 중국 내부에서는 보조금 지급과 외국 기업에 대한 차별 등이 이뤄졌고 이에 따라 2020년을 전후로 다른 나라로부터 공격을 받게 됐다. 특히 미국이 중국 경제의 불투명성과 불공정성을 문제 삼으며 대대적인 무역제재에 나서면서 중국은 상당히 어려운 처지에 처했다. 아울러 투자에 의존한 경제성장은 부동산 거품을 만들었고 이 부동산 거품은 터지기 직전 상태까지 다다랐다. 중국 정부가 나서서 급한 불은 끄고 있지만 부동산 거품의 뇌관이 본격적으로 터지면 중국 경제는 큰 위기를 맞을 것이라는 예상도 나온다. 또 청년실업률이 20%가 넘는 등 고용 문제도 불거지고 있다. 중국 역시 경제적으로는 '1만달러의 덫'이라는 시험대에 들어선 것이다.

중국 정부는 경제적으로 문제가 생길 때마다 시장 개입을 통해 문제를 해결하려고 한다. 시진핑 체제 아래서는 더욱 이런 모습이 눈에 띈다. 하지만 세상에 공짜는 없다. 1인당 소득이 1만2000달러 정도인 중국의 경제 발전 단계에서 시장 문제 해결을 위해 정부의 개입이 강해지면 성장은 타격을 입는다. 개혁의 동력을 확보하기 위해 공산당과 시진핑 1인 체제를 강화하고 중국인에 대한 사상 교육을 강화하겠지만 시장경제와 자본주의 맛을 본 중국인들이 당의 의도대로 움직일지는 의문이다.

또 구체적인 실천을 통해 검증되지 않는다면 시진핑 사상은 사상누각에 불과하다. 정치적으로는 '1인 독재' 체제를 강화하면서 경제적으로는 시장 문제를 해결한다는 것 자체가 모순이 될 수도 있다. 중국 경제에 투자할 때 정치적인 문제를 감안해야 하는 이유다.

일본 '잃어버린 30년'
탈출했지만 낙관은 일러

2023년에 일본 경제는 중요한 변화를 겪었다. 그중 하나가 달러당 엔화 환율이 150엔을 넘어선 것이다. 2023년 초만 해도 130엔대에 머물던 엔화 환율이 150엔대로 훌쩍 뛰어올랐다. 150엔대 엔화값은 1990년 이후 가장 낮은 수준이다. 1990년은 일본 경제의 '잃어버린 30년'이 시작된 시기다. 이 시기 일본 경제는 거품이 붕괴되고 장기간 '저성장 저물가' 기조가 고착화됐다. 달러당 엔화 환율이 150엔을 넘어선 것은 일본 경제가 잃어버린 30년을 탈출했음을 의미하는 신호탄이다. 반면 엔화 환율 급등은 물가를 올리고 내수를 위축시켜 일본 경제의 발목을 잡는 '양날의 검'으로 작용할 전망이다. 일본 경제를 이해하기 위해서는 엔화 환율 150엔 돌파의 의미부터 파악하는 것이 중요하다.

엔화의 역사는 일본 경제의 흥망성쇠를 보여준다. 2차 세계대전 후 달러당 엔화 환율은 360엔에서 출발했다. 현재 달러당 엔화 환율의 2배가 넘는다. 높은 환율은 낮은 통화가치를 의미한다. 낮은 엔화값과 탄탄한 기술력을 기반으로 일본은 전 세계 시장을 사로잡으며 경제가 급성장했다. 1971년 리처드 닉슨 미국 행정부가 달러를 금으로 바꿔주는 것을 중단하는 '금태환 정지'를 시행한 이후 맺은 스미스소니언 협정에서는 달러당 엔화 환율을 308엔으로 고정했다. 1973년 2월 일본은 엔화 환율을 시장에 맡기는 변동환율제로 전환한다. 이때만 해도 달러당 엔화 환율은 270엔대를 오르내렸다. 이 정도 환율에도 일본의 수출 경쟁력은 유지됐다. 무역수지는 연일 고공행진을 거듭했으며 특히 대미 무역흑자가 압도적

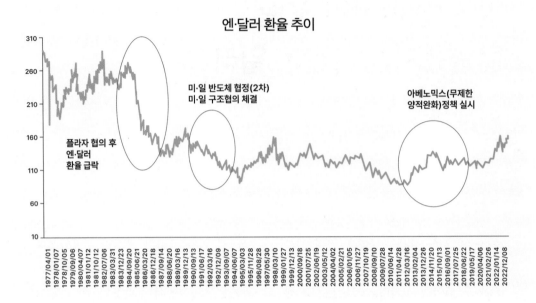

엔·달러 환율 추이

플라자 협의 후
엔·달러
환율 급락

미·일 반도체 협정(2차)
미·일 구조협의 체결

아베노믹스(무제한
양적완화)정책 실시

자료: IMF

으로 많았다. 일본의 경제력은 미국을 위협하는 수준까지 뻗어나갔다.

그때도 미국은 2인자를 인정하지 않았다. 일본의 성장이 미국을 위협하는 상황에 다다르자 미국은 칼을 빼들었다. 일본을 다루는 미국의 태도는 2023년 중국을 다루는 태도보다 훨씬 더 가혹했다. 지금까지 일본의 트라우마로 남아 있는 것이 1985년에 체결한 '플라자 합의'다. 이 합의에서 미국은 일방적으로 일본 엔화 가치를 절상하도록 요구했다. 엔화 값을 인위적으로 절상하면 일본에서 생산한 물건을 미국에 수출할 때 물건값이 대폭 오르는 효과를 가져온다. 일본은 무역에서 피해를 보고 미국은 이익을 보겠다는 의도를 명확히 드러낸 것이다. 이때부터 엔화 값은 급등했고 엔화 환율은 급속히 떨어졌다. 플라자 합의 이후 2년이 지난 1987년 말에는 엔화 환율은 120엔대를 기록했다. 2년 새 엔화 가치가 50% 이상 급등했다.

미국의 압박은 여기에 그치지 않았다. 두 차례의 반도체 협정을 통해 일본 반도체 기업의 미국 수출을 제한했고 일본 국내 반도체 수요의 30%를 수입하도록 강제했다. 현재 미·중 간 무역전쟁을 연상시키는 조치들이다. 여기에 미·일 구조협의를 통해 일본 내 저축을 줄이고 투자를 늘릴 것과 미국 기업 진출을 촉진하기 위해 유통규제를 완화할 것을 요구했다. 이 같은 조치에도 미국의 무역수지가 개선되지 않자 미국은 급기야 일본이 금리를 내려 내수를 부양해 수입을 늘릴 것까지 요구했다. 당시 엔화 가치 상승과 함께 경기 호황을 막기 위해 금리를 올려야 할 시점이었다. 하지만 일본은 미국 측 요구를 받아들여 재정 확대와 금리 인하 정책을 펴게 됐고 이는 1980년대 후반 일본 경제에 거품을 만들었다. 이 거품이 1990년대 들어 터지면서 일본은 잃어버린 30년에 돌입하게 된다. 결국 미국의 압력과 일본의 그릇된 거시경제정책 대응이 일본 경제를 나락으로 내몰았다.

한국은 이 시기 반사이익을 얻었다. 일본 엔화 값이 급등하면서 상대적으로 원화 값은 하락세를 보였다. 100엔당 원화 값은 플라자 합의 당시인 1985년 9월 408엔대에서 1987년 4월에는 600엔까지 하락했다. 불과 1년 반 사이에 엔화 대비 원화 값이 50%가량 떨어지면서 한국의 수출가격 경쟁력은 급상승했다. 이 덕분

에 1980년대 초반 만성적인 경상수지 적자 국가였던 한국은 1986년부터 경상수지 흑자국으로 탈바꿈한다. 여기에 국제유가 하락으로 경제 여건이 개선되면서 한국은 1986~1988년 경제성장률이 연 10%가 넘는 고성장 국면에 접어든다. 미국이 일본의 성장을 억제하기 위해 강압적으로 내놓은 정책의 혜택을 한국이 본 것이다.

반면 일본 경제는 1990년 이후 2022년까지 평균 성장률 0.8%, 소비자물가상승률 0.4%의 '저물가 저성장' 국면을 경험했다. 이 기간 일본 거시정책의 최대 목표는 2%대 물가상승률과 2%대 성장률 회복이었다. 급기야 2012년 말 등장한 아베 신조 정부는 '무제한 양적완화'라는 정책을 펴면서 엔화 가치 하락과 이를 통한 고성장 고물가를 달성하기 위한 정책까지 내놨다. 이런 정책에도 불구하고 일본 경제는 좀처럼 회복 기미를 보이지 않았다. 하지만 2022년 들어서면서 상황이 달라졌다. 미국이 1년여 동안 금리를 5%포인트 넘게 올리는 고강도 긴축 정책을 펴는 동안 일본은 단기금리를 -0.1%로 유지하는 정책을 바꾸지 않았다. 당연히 미국과의 금리 차는 갈수록 벌어졌다. 양국 간 금리 차가 확대되면서 엔화 값은 급격

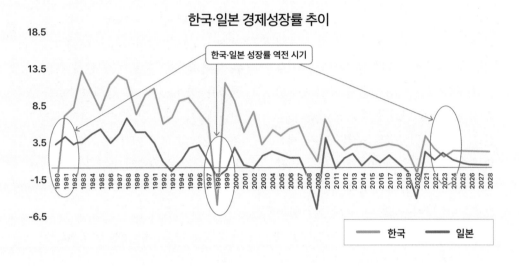

한국·일본 경제성장률 추이

한국·일본 성장률 역전 시기

한국 ──── 일본

히 떨어졌다. 여기에 미국이 중국을 무역과 각종 규제로 압박하는 사이 일본은 반사이익을 얻었다. 이 같은 요인이 복합적으로 작용하면서 일본은 2023년 성장률 2.0%, 물가상승률 2.3%를 기록할 것으로 예상된다. 일본 경제의 숙원이었던 '고물가 고성장' 기조에 일단 진입하게 된 것이다. 공교롭게 이 시기에 달러당 엔화값도 150엔대로 진입했다. 일본 경제 상황을 마치 잃어버린 30년 시작 전인 1990년대로 돌려놓은 듯한 모습이다.

물론 상황은 달라졌고 엔화 약세가 물가상승과 내수 위축을 가져오는 달갑지 않

은 측면도 있다. 또 지금의 엔화 약세는 미국과 일본의 금리 차에 따른 영향이 크다. 미국의 기준금리가 연 5.5%인 반면 일본은 여전히 마이너스 기준금리를 유지하고 있다. 일본의 물가가 오르고 미·일 간 금리 차에 따른 문제가 발생하면 일본은 금리를 올릴 가능성이 높고 이때는 엔화 환율 하락을 가져온다. 특히 막대한 정부부채를 갖고 있는 일본의 경우 시중금리가 오르면 정부가 발행한 국채값이 급락하고 이로 인해 국가재정이 휘청거리는 문제가 발생할 수도 있다. 아울러 고령화와 이에 따른 소비 위축은 일본 경제의 발목을 계속 잡고 있다. 국제통

화기금(IMF)은 일본 경제가 2023년 2%의 성장률을 기록하겠지만 2024년에는 성장률이 1%대로 내려가고 2026년에는 0.5% 밑으로 떨어질 것으로 보고 있다. 엔화 환율 150엔대 진입을 긍정적으로만 볼 수 없는 이유다.

일본을 보는 한국의 경제 상황은 복잡하다. 먼저 엔화와 비교한 원화 가치는 갈수록 상승하고 있다. 100엔당 원화 환율은 2019년 8월 1150원을 기록했지만 2023년 10월에는 900원대 초반에서 움직이고 있다. 3년 남짓한 기간에 엔화 대비 원화 값이 250원가량 올랐다. 엔화 대비 원화 값 상승은 우리나라 수출품의 가격 경쟁력 하락을 의미한다. 1980년대 플라자 합의로 원화 값이 떨어지면서 수출시장에서 큰 이익을 봤던 현상과 정반대의 상황이 벌어지는 것이다. 아울러 중국에 대한 무역의존도가 높은 한국 입장에서는 미·중 무역전쟁으로 이익보다 피해를 더 많이 보고 있다. 이런 점을 감안하면 국제정세와 금융시장의 움직임이 일본보다 한국에 불리하게 작용하고 있다. 정책적인 상황도 녹록잖다. 일본은 미국의 금리 인상에도 아랑곳하지 않고 마이너스 금리를 유지하며 버텨왔다. 엔화가 국제통화로 자리 잡고 있고 자본 유출에 대한 부담이 적기 때문에 가능한 일이다. 반면 한국은 미국과의 금리 차가 사상 최고치로 벌어지면서 자본 유출에 대한 염려가 갈수록 커지고 있다. 이 때문에 경기 부양을 위해 금리를 내리기가 매우 부담스럽다. 오히려 금리를 올려 미국과의 금리 차를 줄여야 하는 상황이다. 이처럼 환율로 본 경제 상황은 한국에는 불리하게 흘러가고 있다.

02

불황에도 내 자산 지켜줄
주식 포트폴리오는

혁신보다 주주환원에 올인하는 빅테크들

한국과 미국 빅테크 재무지표와 주요 현황

단위: % · 배

국가	구분	유형 자산비율	사상 최고가 대비 현 주가	주가수익비율 (PER)	주력 투자 분야
한국	삼성전자	39.7	-29.3	49.83	인공지능 반도체, 스마트폰
한국	SK하이닉스	56.9	-23.8	-	인공지능 반도체
한국	네이버	9.5	-56.7	32.64	생성형 인공지능 언어모델
미국	애플	13.0	-12.3	28.62	아이폰, 가상현실 기기
미국	마이크로소프트	26.7	-12.3	29.28	생성형 인공지능 언어모델
미국	구글(알파벳A)	35.4	-11.5	22.39	생성형 인공지능 언어모델
미국	아마존	55.3	-31.4	41.67	클라우드, 온라인 쇼핑 플랫폼
미국	엔비디아	10.2	-10.9	41.63	인공지능 반도체
미국	테슬라	32.8	-39.3	75.90	자율주행, 슈퍼컴퓨터
미국	메타	48.8	-20.2	22.18	생성형 인공지능 언어모델

*유형자산비율은 2023년 6월 말 현재, 주가는 2023년 10월 3일 기준, PER은 2023년 말 예상 기준.

자료: 블룸버그

애플은 최근 1년 순이익의 90%를 주주환원에 힘쓰며 '아낌없이 주는 사과나무'라는 것을 계속 증명하고 있다. 애플처럼 배당과 자사주 매입으로 주주에게 쓰는 돈이 순익의 50%가 넘어 '환원왕'에 속하는 빅테크로는 메타, 구글, 엔비디아 등이 손꼽힌다.

당장 주주에게 과실을 주는 대신 '조금만

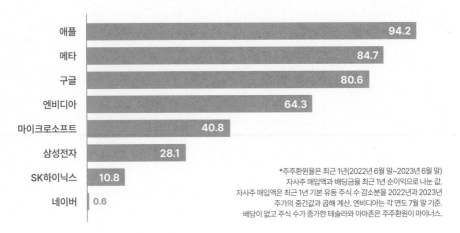

한미 빅테크 주주환원율

단위: %

기업	주주환원율
애플	94.2
메타	84.7
구글	80.6
엔비디아	64.3
마이크로소프트	40.8
삼성전자	28.1
SK하이닉스	10.8
네이버	0.6

*주주환원율은 최근 1년(2022년 6월 말~2023년 6월 말) 자사주 매입액과 배당금을 최근 1년 순이익으로 나눈 값. 자사주 매입액은 최근 1년 기본 유동 주식 수 감소분을 2022년과 2023년 주가의 중간값과 곱해 계산. 엔비디아는 각 연도 7월 말 기준. 배당이 없고 주식 수가 증가한 테슬라와 아마존은 주주환원이 마이너스.

자료: 블룸버그

더 믿고 기다려 달라'는 빅테크에는 삼성전자, 네이버, 테슬라, 아마존 등이 포함된다. 이들은 주주환원율은 낮지만 설비투자용 자산 비율이 높아 미래 성장성이 큰 것으로 나온다.

빅테크들은 고금리가 지속되는 상황에서도 인공지능(AI), 자율주행, 가상세계 등 다양한 신사업을 펼쳐 투자자들의 관심을 받고 있다. 다만 이들은 각자 전략이 달라 투자자들 역시 다른 철학으로 접근할 필요가 있다.

꾸준한 현금배당과 위기 시 주가가 덜 빠지는 것을 추구하는 안정 성향의 투자자라면 애플 등 '주주환원왕' 비중을 늘리면 된다.

삼성전자는 배당수익률이 애플보다 높아 배당주처럼 보이지만 자사주 매입이 없으므로 주주환원율이 상대적으로 낮다. 많은 설비 투자를 통해 한꺼번에 큰 이익을 노리므로 고위험 고수익 투자자에게 더 적합한 주식이다.

이런 해석은 두 가지 재무 투자지표를 통해 가능하다. 하나는 주주환원율이고 나머지는 유형자산비율이다.

주주환원율은 주주환원금액을 순이익으로 나눈 값으로, 높을수록 주주에게 진심인 기업이라는 뜻이다. 환원금액은 배당금과 자사주 매입액을 포함한다.

애플은 2023년 6월 말 기준으로 최근 1년 배당금이 147억4100만달러다. 같은 기간 순이익(947억6000만달러)의 15.6%다.

이는 배당성향과도 같다. 같은 기간 삼성전자의 배당성향은 28.1%로, 배당만 따지고 보면 삼성전자가 애플보다 낫다.

그러나 삼성과 애플의 결정적 차이는 자사주 매입에서 드러난다.

삼성전자의 기본 유통주식 수는 1년 전과 똑같은 59억6900만주다. 자사주 매입에 쓴 돈은 없다는 뜻이다. 결국 삼성전자의 주주환원율은 앞서 본 배당성향과 같은 28.1%에 그친다.

애플은 1년 새 주식 수를 2.78%나 줄였다. 연간 2~3%씩 자사주를 사고 있다.

자사주 매입액은 2022년 6월 말과 2023년 6월 말의 중간값 주가를 줄어든 주식 수와 곱해 계산했다.

이에 따라 애플의 자사주 매입액은 744억8600만달러로 추정됐다. 같은 기간 구글과 메타의 자사주 매입 합산액과 엇비슷할 정도로 많다.

블룸버그 데이터를 보면 애플은 6월 말 기준 최근 1년 새 배당과 자기주식(자사주) 매입에 121조3000억원을 썼다.

전기차 배터리 국내 1위 회사 LG에너지솔루션(LG엔솔)의 시가총액이 110조원

(9월 5일 기준)이라는 점에서 애플은 1년 동안 주주를 위해 쓴 돈으로 LG엔솔 같은 회사를 사고도 남는다.

두 회사의 명확한 차이를 보면 애플에 혁신을 요구하는 것이 과도하다는 결론에 도달한다.

애플은 주주에게 돈을 쏟아붓느라 연구개발(R&D)을 통한 혁신에 대한 여력도, 의지도 없다고 볼 수 있다.

항상 아이폰이 전작 대비 실망감을 안겨주더라도 주가는 크게 흔들리지 않는 이유다.

최근 출시된 아이폰15의 경우 소비자가 사용한 후 일순간 스마트폰 몸체가 뜨거워지는 '발열 문제'가 부각되고 있다. 아이폰 몸이 48도까지 뜨거워지는 것은 아이폰 브랜드 출시 이후 최초의 심각한 문제다. 이렇게 발열이 되면 아이폰 기능도 일순간에 떨어진다.

애플은 이런 발열 문제에도 여전히 잘나간다. 삼성전자의 스마트폰도 크게 다르지 않은 문제에 직면하고 있기 때문이다. 애플은 발열 문제를 인정하고 단순한 업데이트만으로 해결 가능하다고 소비자들을 안심시키고 있다.

애플은 아이폰, 맥북, 에어팟, 아이패드 등 4대 정보기술(IT) 제품을 만들고, 이와 관련된 서비스로 돈을 버는 회사다.

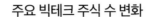

주요 빅테크 주식 수 변화

단위: %

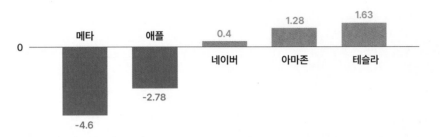

2022년 6월 말 대비 2023년 6월 말 유통주식 수 증감률
아마존과 테슬라는 9월 비교

자료: 블룸버그

최근에는 온라인동영상서비스(OTT) '애플+'를 선보이고 금융업에까지 진출했다. 아이폰이란 브랜드로 충성 고객을 모집하고 그 생태계에 가둬 소비자의 지갑을 여는 구조다.

2023년 들어 아이폰 등 주요 제품을 홍보하면서 '친환경'을 강조한 이유도 혁신적인 기능이 없어서다. 굳이 혁신을 안 하더라도 매출이 유지될 것이란 믿음에서다.

혁신기업으로서 '애플카'에 도전 중인데 2024년이었던 출시 일정이 점점 밀리고 있다. 테슬라의 아성이 강한 데다 대충 만들었다가는 기존 브랜드 가치가 하락할 것이라는 팀 쿡 최고경영자(CEO)의 의중이 반영된 것으로 보인다.

삼성은 다르다. 변덕이 심한 국내 투자자 위주의 주주 구성을 바꾸고, 세계적인 '큰손'들을 모집할 필요가 있다. 이를 위해 애플보다 많은 R&D와 설비 투자, 막대한 인건비(고용)를 짊어지고 있는 것이다.

애플과 삼성을 구분 짓는 또 다른 재무지표는 유형자산비율이다. 유형자산이란 제품 생산에 필요한 토지나 공장, 사무실 등을 뜻한다.

애플의 순유형자산은 2023년 6월 말 현재 435억5000만달러다. 감가상각 이후의 순수 자산이란 의미다. 유·무형자산을 모두 포함한 자산 총계는 3350억3800만달러다. 유형자산비율은 13%에 불과하다.

같은 블룸버그 데이터로 삼성전자 유형자산비율을 구하면 39.7%가 나온다. 많은 설비 투자를 통해 큰 매출을 노리는 삼성전자의 사업구조를 이해할 수 있다. SK하이닉스의 경우 56.9%에 달한다.

애플은 이미 쌓아놓은 이미지로 돈을 벌지만, 삼성이나 SK하이닉스는 계속된 혁신을 통해 이미지를 높여야 한다.

애플에 이어 주주환원율이 높은 기업으로는 메타(84.7%)가 있다. 최근 1년 배당금이 없는 것을 감안하면 모두 자사주 매입을 통한 주주환원이다.

주요 빅테크 중 1년 새 주식 수가 가장 많이 줄어든 곳은 메타(-4.6%)다. 메타 주가는 2023년 들어 9월 말까지 140%가량 올랐는데 자사주 매입에 열을 올린 것이 주효했다. 여기에 메타버스(3차원 가상세계) 분야 투자 감축과 구조조정, AI 분야로 신사업 방향을 튼 것이 복합적으로 작용하고 있다.

메타는 페이스북, 인스타그램, 스레드, 와츠앱 등 사회관계망서비스(SNS) 앱을 운영하고 있다. 기업들의 안정적인 광고 수입으로 이익률이 높은 편이다.

신사업만 잘하면 됐는데 사명을 바꿀 정도로 진심이었던 가상현실 사업 분야가 아직까지 저조하다. 소비자들은 아무리 가상세계 체험이 재밌어도 머리에 무거운 기기를 뒤집어쓸 정도로 진심이진 않았다.

2023년 2분기 메타의 리얼리티 랩스(가상현실 사업부서) 매출은 전년 동기 대비 39% 급감한 2억7600만달러에 그쳤다. 적자폭은 23%나 늘었다.

적자가 쌓이자 마크 저커버그 메타 CEO는 관련 인원을 대거 구조조정하는 대신 자신이 직접 주도하는 AI 부서를 만들어 이곳에 투자를 집중하고 있다. 마이크로소프트(MS)와 구글이 양분하는 생성형 AI 언어모델 시장에 도전장을 내밀고 있다. 챗GPT처럼 새로운 검색 시장 문을 두드리는 것이다.

월가에서 메타가 주목받는 또 다른 이유는 실적 대비 주가가 싸다는 것이다. 메타의 2023년 말 기준 예상 주가수익비율(PER)은 22.18배로, 빅테크 중 가장 낮은 편이다.

PER이 40배가 넘는 곳은 삼성전자(49.83배), 아마존(41.67배), 엔비디아(41.63배)다. SK하이닉스는 적자가 예상돼 PER 계산이 불가능하다.

이 중 엔비디아가 '제2의 애플'로 월가에서 회자되는 것은 각종 재무지표가 의외로 비슷하기 때문이다. 엔비디아의 주주환원율은 64.3%이며 유형자산비율은 애플보다 낮은 10.2%다.

반도체 설계에 특화돼 있는 엔비디아는 삼성전자나 SK하이닉스처럼 대규모 설비가 필요하지 않아 몸집이 가볍다.

특히 월가에서는 2023년 들어 급가속 중인 AI 모델 개발 속도를 따라가며 공급할 기업은 그래픽처리장치(GPU) 1위 업체인 엔비디아밖에 없다고 보고 있다.

1월 결산 법인인 엔비디아는 2022년 7월과 2023년 7월의 유통주식 수, 순이익을 적용했다. 주식 수는 1년 새 0.8% 감소했다. 배당도 1년 새 4억달러 가까이 지급했다.

엔비디아 주가는 2023년 들어 9월 말까지 3배 이상 올랐다. 배당수익률이 9월 말 0.04%에 그친 이유다.

주주환원을 미루고 주주에게 손을 벌린 빅테크는 아마존과 테슬라다. 아마존과 테슬라 주식 수는 2022년 9월 이후 2023년 9월 말까지 1년 새 각각 1.28%, 1.63% 증가했다. 두 곳은 배당도 지급하지 않았기 때문에 주가에 따른 자본차익 외엔 주주 몫이 없었다.

네이버의 주식 수 역시 1년 새 0.4% 증가한 것으로 나왔다. 주식 수가 증가했다는 것은 투자자금을 조달하기 위해 유상증자나 전환사채의 주식 전환 등이 이뤄졌다는 것이다. 이는 주주환원에 마이너스 요소다.

그 대신 네이버는 당분간 성장에 집중하며 미래에 주주환원을 강화한다는 '절충안'을 모색하고 있다. 플랫폼 사업으로 설비 투자 부담이 작은 네이버는 유형자산비율이 9.5%에 그쳐 향후 주주환원 가능성이 높은 것으로 해석된다.

2022년 6732억원이었던 네이버 순이익은 2023년 9259억원(에프앤가이드 기준)으로 추정된다. 2024년에는 순익 '1조클럽'이 예상된다.

네이버는 '토종 AI'로 불리는 '하이퍼클로바X'의 성과에 따라 향후 순익이 결정될 것으로 보인다. 네이버는 하이퍼클로바X가 미국 챗GPT보다 한국어를 6500배 더 많이 배웠다면서 검색 결과물이 월등할 것으로 자체 분석하고 있다.

100세 시대엔
100조 바이오주 잡아라

'뿌린 대로 거둔다'는 철학의 국내외 제약·바이오 주식이 뜨겁게 타오르고 있다. 이들은 영업이익을 까먹으면서도 연구개발(R&D) 투자를 늘려갈 정도로 R&D에 진심인 것으로 유명하다.

147년 역사의 미국 '빅파마(거대 제약사)' 일라이릴리가 대표주다.

일라이릴리는 2023년 상반기 R&D 투자비로 5조6000억원을 쓰면서 연간 투자비 10조원에 처음 도전한다. 2023년 상반기 매출 대비 투자비는 28.4%에 달한다.

2023년 7~8월 일라이릴리 주가는 날씨만큼이나 뜨겁게 타올랐다. 기업가치가 한 달 새 114조원 뛰기도 했다. 11년 치 R&D 비용을 한 방에 뽑은 셈이다.

바이오 동료이자 맞수인 덴마크 빅파마 노보노디스크의 '나비효과'가 크게 작용했다.

노보노디스크의 2023년 상반기 R&D 투자비는 2조6085억원으로, 2022년 같은 기간 대비 39.4%나 늘었다. 노보노디스크의 비만 치료제 '위고비'가 심혈관 질환에도 효과가 있다는 결과가 나온 것은 우연이 아닌 셈이다.

하나의 목적으로 만든 치료제가 복수의 치료 효과를 보이면서 '머니무브'가 다른 바이오주로 들불처럼 번지는 현상은 그동안에도 있었다.

2000년 6월 11일 미국 텍사스주 샌안토니오, '스퍼스'라는 미국프로농구(NBA) 농구팀으로만 유명했던 이곳에서 미국당뇨협회 학술회의가 열렸다.

여기서 역사적인 발표가 나온다. '실데나필'이 발기부전 환자에게 효과가 있다는 것이다. 발기부전은 성기가 정상적으로 작동하지 않아 성행위가 어려운 현상을

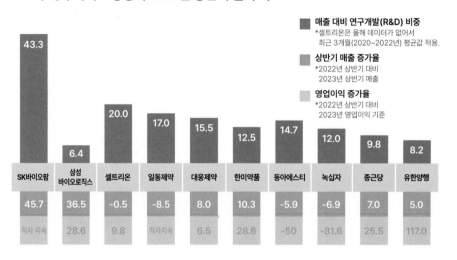

10대 제약·바이오 상장사 2023년 상반기 실적 비교

단위: %

■ 매출 대비 연구개발(R&D) 비중
*셀트리온은 올해 데이터가 없어서
최근 3개월(2020~2022년) 평균값 적용.

■ 상반기 매출 증가율
*2022년 상반기 대비
2023년 상반기 매출

■ 영업이익 증가율
*2022년 상반기 대비
2023년 영업이익 기준

	SK바이오팜	삼성바이오로직스	셀트리온	일동제약	대웅제약	한미약품	동아에스티	녹십자	종근당	유한양행
매출 대비 연구개발(R&D) 비중	43.3	6.4	20.0	17.0	15.5	12.5	14.7	12.0	9.8	8.2
상반기 매출 증가율	45.7	36.5	-0.5	-8.5	8.0	10.3	-5.9	-6.9	7.0	5.0
영업이익 증가율	적자 지속	28.6	9.8	적자지속	6.5	28.6	-50	-81.6	25.5	117.0

대웅제약, 종근당, 일동제약, 동아에스티는 1분기 기준.

자료: 블룸버그, 금융감독원

말한다. 이전까지 뚜렷한 정식 치료제가 없어 남성들의 고민이 쌓여왔다.

이날 당노협회 학술회의에서 로런스 J 블론드 박사는 12주~6개월에 걸쳐 남성 발기부전 환자들에게 무작위로 실데나필을 복용하도록 했다. 이 약을 거짓 투약한 '플라시보' 환자들이 비교 대상이 됐다. 그는 굳이 숫자를 내세우지 않아도 실데나필을 복용한 환자들의 발기 상태가 월등하게 비교군보다 나았음을 당당히 밝혔다.

실데나필이 바로 그 유명한 '비아그라'

다. 당시 학술대회 자체가 당뇨협회에서 열린 만큼 비아그라는 당뇨병 치료를 위해 만든 것이다. 그러나 역사의 우연은 이렇게 비아그라를 두 병의 치료에 가장 적합한 치료제로 만들었다.

당시만 해도 이것이 그렇게 대단한 실험 결과인 줄 의사들도 몰랐다. 이제 당뇨병과 발기부전이 매우 밀접한 질환이라는 것은 상식이 됐다.

노보노디스크의 위고비도 비아그라와 비슷하다. 일론 머스크 테슬라 CEO가 살빠진 비결로 위고비를 언급하면서 일약

스타덤에 올랐다.

결국 '위고비 심혈관 치료 효과 입증→보험 확대 적용 및 약값 인하→비슷한 효능의 일라이릴리 치료제(마운자로) 판매 확대→양사 주가 급등'으로 이어진 것이다.

중장기 투자자들은 바이오 투자 시 리스크를 낮추기 위해 매출 대비 R&D 비중을 따지곤 한다.

독자들을 대신해 블룸버그 빅데이터를 기준으로 국내 톱10 제약·바이오 기업의 2023년 상반기 매출과 R&D 투자비, 영업이익을 분석했다. 톱10 기준은 2022년 R&D 투자 금액 순이다.

국내에선 삼성바이오로직스, 셀트리온, SK바이오팜, 유한양행, 한미약품, 녹십자, 대웅제약, 종근당, 일동제약, 동아에스티 등이 꼽혔다. 필자가 집필할 당시를 기준으로 가장 최근 공개된 분기로 비중을 따졌다. 이런 굵직한 제약·바이오 회사들의 R&D 비중은 수년간 유지되는 것이 보통이다.

이들 10곳은 2023년 상반기 R&D 투자비로 총 6209억원을 지출했다. 매출 합계(6조2522억원) 대비 9.9% 수준이다. 글로벌 빅파마들에 비해선 턱없이 부족해 국내 장기 투자를 어렵게 만든다.

그래도 2023년 7~8월 기관투자자들은 다른 대안이 없어 이들 제약·바이오 주식을 대거 매수하기도 했다. 한 달(7월 15일~8월 14일)간 기관투자자들은 10곳 중 9곳을 순매수했고 총액은 3430억원이다.

당시 기관은 국내 코스피 주식들을 매도했다.

당시 기관이 가장 많이 산 주식은 삼성바이오로직스다. 2023년 상반기 1009억원을 R&D 투자에 쏟은 것이 주된 이유다. 매출 대비 투자 비중은 6.4%다. 이 회사는 반도체를 주문해 제작해주는 대만 TSMC와 비슷한 성격의 바이오 위탁생산(CMO) 업체다. 단순 주문 제작에서 벗어나 신약 개발 능력까지 제대로 갖추면 주가가 폭발할 여력이 있다.

매출 대비 투자비 비중으로 따지면 1위는 SK바이오팜(43.3%)이다.

이 신약회사의 실적과 주가는 '세노바메이트'(미국 제품명 엑스코프리)만 보면 된다. 뇌전증 치료제 세노바메이트는 2019년 미국 식품의약국(FDA) 승인을 받고 회사의 주력 캐시카우(현금 창출원)로 자리 잡았다. 이 약 덕분에 SK바이오팜은 자체 신약 개발 이후 미국 시장 직접 판매 체제를 갖췄다.

SK그룹 내 위탁생산 업체인 SK바이오사이언스와의 시너지 효과도 기대된다.

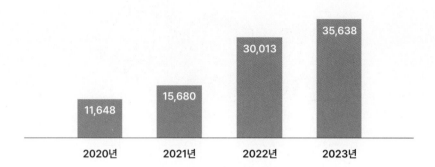

삼성바이오로직스 연간 매출 추이

단위: 억원

11,648	15,680	30,013	35,638
2020년	2021년	2022년	2023년

2023년은 증권사 3곳 이상 추정치 평균

자료: 에프앤가이드

SK바이오팜은 국외에서 대대적인 신약 홍보와 개발, 마케팅을 위해 많은 판매관리비를 쓰고 있다.

2022년 상반기 772억원 적자에 이어 2023년 상반기엔 416억원의 영업손실을 기록했다. 적자폭을 크게 줄였다는 점에서 2024년 흑자 전환 기대감이 높아지고 있다. 흑자 전환 시기 역시 엑스코프리 미국 판매량에 달렸다.

기업가치 평가 역시 단순한 편이다. 순현금 1336억원을 바탕으로 한 SK바이오팜의 2022년 기업가치는 7조3000억원(SK증권 추산)이다. 2023년 상반기에 단숨에 이 가격까지 기업가치가 올라갔다는 것이다.

흑자로 돌아서더라도 주가수익비율

(PER)이 400배가 넘어 고평가 논란은 극복해야 할 과제다.

광복절이 오면 '독립운동 기업' 유한양행은 항상 주목받는다. R&D 투자를 늘리면서도 영업이익이 2배 이상 급증해 대단한 제약사라는 평가도 받는다.

국내에서 유한양행은 단기 이익을 노리기보다 장기 투자를 통해 '착한 기업 투자 심리'를 되살리고 있다. 유한양행은 폐암 신약 '렉라자'를 무상 공급해 화제를 모았다. 이 약의 가격은 환자 1인당 7000만원에 달한다. 이처럼 약을 무상으로 제공하거나 R&D 비용을 늘려도 회계상으로는 비용 처리돼 영업이익이 줄어들게 마련이다. 실적에 도움이 되지 않는 행보에도 2022년 상반기 230억원이었던

영업이익을 2023년 상반기에 499억원으로 끌어올렸다.

유한양행 3대 캐시카우는 고지혈증 치료제 '로수바미브', 당뇨병 치료제 '자디앙', B형 간염 치료제 '베믈리디' 등이다. 2023년에는 로수바미브 매출이 증가하고 있다.

유한양행은 2023년 9월 싱가포르에서 열린 세계폐암학회(WCLC 2023)와 10월 유럽에서 열린 유럽종양학회(ESMO)에서 렉라자의 임상 결과를 발표하는 등 활발한 행보를 이어가고 있다.

주주들은 환자들에게 무상 의약품을 제공하듯 배당도 늘려주길 바라고 있다. 최근 3개년인 2020~2022년 주당 배당금은 300원대로 고정돼 있다. 배당수익률이 2022년까지 0%대에 머물러 있다.

유한양행이 2023년 상반기 영업이익 증가율 1위였다면 한미약품은 R&D 투자비 증가율 1위(28.5%)다.

한미약품 매출은 2023년 상반기에 7039억원으로, 전년 동기 대비 10.3% 늘었다. R&D 투자비 증가율이 매출 증가율의 2배 이상인 점에서 이 회사의 진심을 엿볼 수 있다.

이 제약사는 국내에서 보기 드물게 여전히 중국에서 돈을 잘 벌고 있다. 중국 현지법인 북경한미약품은 2023년 2분기에 219억원 규모의 이익을 올렸다. 2분기 매출은 901억원으로, 영업이익률이 24.3%에 달한다.

한미약품 전체 영업이익률은 2023년 상반기 기준 13.2%다. 유한양행(5.3%), 녹십자(1.3%)에 비해 월등히 높다.

고마진 치료제가 잘 팔리고 있다. 고지혈증 치료제 '로수젯', 고혈압 치료제 '아모잘탄패밀리' 등이 지속적으로 성장하고 있다.

오너와 투자자의 걱정거리는 승계 구도와 상속세 문제다.

지배구조를 보면 지주사 한미사이언스가 한미약품 등 계열사들을 거느리고 있다. 지주사 주식은 송영숙 한미약품 회장 등 오너 일가가 56.6%를 들고 있다.

2020년 창업자인 임성기 전 회장의 사망으로 송 회장 등 남은 가족에게 5400억원의 상속세 부담이 생겼다. 송 회장은 창업주의 부인이다. 세금 납부를 위해 지주사 지분을 사모펀드에 팔아 3100억원을 마련하기도 했다.

한미약품그룹이 신약 개발만큼이나 신경 쓰는 것이 후계 구도다. 임 전 회장 아내인 송 회장 체제가 이어지다 2023년 3분기 들어서는 장녀 임주현 사장이 떠오르고 있다. 그는 미래 먹거리이자 위고비 경쟁에 뛰어들 비만 약을 맡고 있다.

2007년 한미약품에 입사한 임 사장은 해외 전략 등 요직을 두루 거치고 있다. 2023년 9월 말까지 한미약품에서 신사업을 총괄하며 글로벌사업본부와 R&D센터, 경영관리본부 등을 맡았다. 2022년 3월부터는 한미약품의 미국 파트너사 스펙트럼 이사로도 일했다. 특히 비만 약 개발을 위한 'H.O.P 프로젝트'를 이끌고 있다.

회사에서의 활약도로 후계 구도가 정해지는 것은 아니다.

일단 오너 일가 세 남매의 지분율 차이는 근소해 경쟁 체제다. 지주사 한미사이언스 지분 보유율은 2023년 3분기 기준 장남 임종윤 한미약품 사장이 9.91%, 임주현 사장이 10.2%, 차남 임종훈 한미약품 사장이 10.56%다. 송 회장의 한미사이언스 보유 지분율은 11.66%다.

결국엔 송 회장이 힘을 실어주는 자녀가 승자가 된다. 11%가 넘는 송 회장 지분율은 상속세 마련을 위해 일부를 매각하면서 2%대로 쪼그라든다. 그래도 이 지분은 '킹메이커'가 된다.

2024년 한미 금융주는 부실 우려 벗고 날아오를까

경기 침체와 위기는 은행주의 족쇄를 풀고 있다. 한국과 미국 은행들의 성장을 가로막아왔던 '고삐'들이 풀리면서 은행주들이 주목받고 있다.

한국은 금융당국이 나서 그동안 은행들의 배당을 제한해왔던 정책 기조를 바꿔 배당 자율성을 보장하겠다고 밝혔다.

이복현 금융감독원장은 2023년 9월 영국 등 유럽을 돌면서 "배당 자율성 보장"을 약속했다. 저평가된 국내 은행들을 띄워 외국인 투자자를 유치하겠다는 전략이다. 2022년 말만 해도 국내 금융지주를 향해 "위험 범위 내 배당"을 강조했던 것에서 진일보한 셈이다.

미국도 실리콘밸리은행(SVB) 파산 이후로 금융 구조조정 차원에서 금융당국이 은행 간 인수·합병(M&A)을 적극적으로 장려하는 분위기다.

양국의 이런 상황 속에서 은행주에 대한 투자심리도 살아나고 있다. 실제 미국에서도 대형 은행주에 대한 시각이 바뀌고 있다. 단순 배당주에서 순익 성장주의 성격까지 가미되고 있다.

2023년 초부터 미국 은행들이 잇따라 파산하며 미국 내에서 자연스러운 구조조정이 이뤄지면서 기존 거대 은행에는 '어부지리' M&A 기회가 생겼다. 예를 들어 JP모건이 파산 위기에 몰린 퍼스트리퍼블릭은행이란 '지갑'을 사실상 거저 주웠는데 그 지갑 안에 920억달러(약 122조원)의 예금이 들어 있어 화제가 되고 있다.

국내의 경우 주로 연간 배당이기 때문에 배당 일정이 연말에 몰려 있다. '찬 바람이 불면 배당주'라는 주식시장의 격언이 '소환'되는 이유다.

한미 은행주 보통주자본비율

단위: %
2023년 6월 말 기준, 자료: 블룸버그

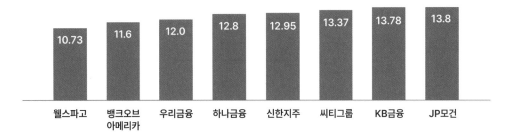

웰스파고	뱅크오브 아메리카	우리금융	하나금융	신한지주	씨티그룹	KB금융	JP모건
10.73	11.6	12.0	12.8	12.95	13.37	13.78	13.8

한미 은행주 주요재무와 투자지표

단위: %, 배

국가	은행주	주당순이익(EPS) 증감률	배당수익률	배당성향	주간순자산비율(PBR)
한국	KB금융	4.99	5.16	25.16	0.41
	신한지주	4.26	5.48	24.44	0.38
	하나금융지주	1.63	7.72	25.93	0.34
	우리금융지주	1.22	9.0	24.65	0.31
미국	JP모건	4.64	2.68	31.15	1.44
	뱅크오브아메리카	-2.69	3.34	27.56	0.87
	웰스파고	13.44	3.22	79.49	0.94
	씨티그룹	2.27	4.97	30.51	0.43

＊ EPS 배당성향은 5개년 연평균 기준.

자료: 블룸버그, 에프앤가이드

통상 한국과 미국 은행주라고 하면 미국은 JP모건, 뱅크오브아메리카(BoA), 웰스파고, 씨티그룹 등 4대 은행을 가리킨다. 국내는 은행을 품고 있는 KB금융, 신한금융, 하나금융, 우리금융 등 4대 금융지주를 주된 투자 대상으로 본다.

결론부터 제시하자면 8대 은행 중 상업용 부동산 비중이 높은 웰스파고는 압도적 성장성을 기록하게 된다. 주가 상승 가능성이 크지만 그만큼 투자 위험도 높은 것으로 나타났다. '고위험·고수익'을 추구하는 은행주 투자자들이 관심을 가질 만하다.

JP모건과 KB금융은 리스크 관리가 잘돼 있고 지속 성장 가능성이 높아 상대적으로 안정적인 주식으로 꼽힌다.

우리금융지주는 배당수익률이 높은 것에 비해 주가는 상대적으로 낮아 배당 수익을 노리는 사람들의 관심을 끌고 있다.

은행주에 투자하면서 배당 이상의 주가 성장까지 나오려면 위험자산을 잘 관리하면서 순익을 쌓는 곳이 '넘버원' 투자 대상이다.

2023년 초 국내 금융투자업계를 뒤흔들면서 은행주의 평가 잣대로 떠오른 단어가 하나 있다.

바로 보통주자본비율(CET1)이다. CET1은 보통주자본을 위험가중자산(RWA)으로 나눈 비율이다. 분자인 보통주 자본은 보통주와 이익잉여금 등으로 구성된다. 분모인 RWA는 가계나 기업에 빌려준 대출 중 위험도에 따라 분류해 종합한 자산이다. CET1 수치가 클수록 은행의 손실 흡수능력과 지속 성장 가능성이 높다는 뜻이다.

일반적으로 통용되는 국제결제은행(BIS) 자기자본비율은 분모는 같지만 분자에 보통주, 대손충당금, 신종자본증권 등 모든 자본을 포괄한다는 점에서 CET1과 차이가 있다.

2020년 이후 국내 은행들은 신종자본증권을 대거 늘려왔다. 이는 BIS비율을 높이는 효과가 있다.

그러나 엄연히 따지면 신종자본증권은 부채(빚)다. 언젠가 갚아야 하는 은행 부담이다. 빚이면서 자본인 신종자본증권은 CET1에 포함되지 않는다.

CET1이 높은 은행은 막다른 골목에 다다랐을 때 진짜 실력을 발휘한다.

CET1을 높이려면 크게 세 가지 방법이 있다. 분모를 낮추기 위해 부동산 등 위험자산을 감량하거나 분자를 키우기 위해 순이익을 늘리거나 유상증자를 단행하는 것이다.

유증이 가장 쉽지만 투자자 입장에선 최악이다. 주식 가치가 단숨에 하락한다.

최근 리스크가 올라간 상업용 부동산 대출(위험자산)을 회수하면 일순간에 CET1이 올라가지만 순이익이 감소해 투자 매력이 떨어진다.

결국 주주들은 은행들에 위험자산과 순이익 사이에서 '황금비율'을 유지하면서 '안전 운행'할 것을 요구한다. 이를 통해 자사주 소각이나 배당금 인상 등 더 많은 주주환원을 하라는 것이다.

2023년 초 주주행동주의 펀드 '얼라인파트너스'가 국내 금융사들에 서한을 보내면서 CET1을 언급해 이 비율이 더 유행하고 있다.

당국 가이드라인에 따르면 CET1 최소 요건은 7%다. 미국발 금융사 파산 사태로 국내 금융당국은 이 수치를 높이라고

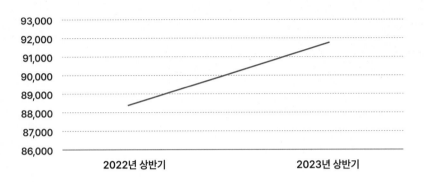

KB국민·신한·하나·우리은행 합산 순이익

단위: 억원

	93,000
	92,000
	91,000
	90,000
	89,000
	88,000
	87,000
	86,000

2022년 상반기   2023년 상반기

자료: 각 사

주문하고 있다. 이에 화답하며 주요 금융 지주들은 13%가 넘는 부분에 대해 주주 환원을 하겠다는 입장이다.

2023년까지 11%대였던 우리금융이 한 단계 올라서면서 4대 금융지주는 12~13.78%의 안정권에 접어들었다.

2023년 6월 말 기준으로 분석 대상 8곳 중 CET1이 13%를 넘는 곳은 JP모건(13.8%), KB금융(13.78%), 씨티그룹(13.37%) 등 3곳뿐이다.

CET1이 톱인 JP모건은 현재와 미래가 모두 좋은 은행주다. 2023년 2분기 순익 18조6000억원을 거뒀다. 주당순이익(EPS)이 월가 예상치를 무려 20% 이상 넘어 '어닝 서프라이즈'(깜짝 실적)를 올렸다.

미국 내 경쟁사들의 부진 속에서 유달리 성적이 좋았던 것은 소비자금융에서 돈을 잘 번 데다 퍼스트리퍼블릭은행을 싸게 잘 매수한 덕분이다.

JP모건이 이 은행을 통해 거둔 단기 회계상 이익은 3조2000억원으로 추정된다. 하나증권과 월가 분석을 종합하면 퍼스트리퍼블릭은행 인수 차익은 3조6000억원이다. 여기서 이 은행이 갖고 있는 부실 가능성이 높은 대출에 대해 일부 손실을 미리 반영(4000억원)해도 3조2000억원이 남는다.

'월가 황제'이자 JP모건 회장인 제이미 다이먼은 자신의 은행에 인수된 퍼스트

리퍼블릭 자산을 슬쩍 말로 흘려 주변 은행들의 배를 아프게 했다.

영국 반도체 설계회사 ARM과 같이 신규 기업공개(IPO)가 많아질수록 미국 대형 은행주 순익은 늘어난다. 기업 상장을 돕고 수수료를 받아 간다. ARM의 경우 은행들의 수수료율이 15.7%에 달했다.

ARM 외에도 데이터브릭스, 인스타카트, 클라비요, 소큐어 등 대어급이 상장에 나서 은행들의 수익성이 개선되고 있다.

CET1 기준으로 아쉽게 2위에 그친 KB금융은 5%에 가까운 EPS 성장률, 5%대 배당수익률로 '팔방미인'의 매력을 뽐낸다.

2022년 이후 2026년까지 연평균 복합성장률(CAGR)을 적용한 KB금융의 EPS 성장률은 연평균 4.99%다. 4% 이상의 EPS 성장률은 예금과 대출의 마진 차를 통해 성장하는 은행주로서는 최선의 수치로 평가받는다.

이 수치가 4%를 넘는 곳으로는 압도적 선두인 웰스파고(13.44%)를 비롯해 JP모건(4.64%), 신한지주(4.26%) 등 4곳이 있다. 모든 수치는 블룸버그 데이터 기준이다.

KB금융은 2023년 상반기에 순익 2조9967억원을 올려 신한지주(2조6262억원)에 앞섰다. 고금리 상황에서 계속해서 이자이익이 쌓이고 있는 데다 요구불예금 비중이 4대 은행 중 가장 높아 실적 체질이 좋다. 요구불예금은 이자를 거의 주지 않아 저원가성 예금으로 불린다. 은행 입장에서 비용이 덜 나가는 '핵심 제품'이란 뜻이다.

에프앤가이드에 따르면 2023년 하반기 예상 순이익 기준으로 전년 동기 대비 실적이 증가할 것으로 예상되는 곳은 KB금융뿐이다.

국내 금융지주는 사실상 '은행주'라고 불리지만 증권사, 보험 등을 거느린 종합금융사다. 실제 이런 타이틀에 적합한 곳은 KB금융이다. 상반기 순익 중 은행 비중이 62%에 그쳐 사업 포트폴리오가 우수하다. 신한이 64%고 나머지 두 지주사는 90%대다.

웰스파고와 우리금융은 '극과 극'이다. 전자는 위험하지만 성장성이 높고, 후자는 성장성엔 의문부호가 여전하지만 저평가는 확실하다.

웰스파고는 상업용 부동산 비중이 미국 주요 은행 중 가장 크다. 2022년 이후 샌프란시스코 등 미국의 주요 지역 공실(빈 사무실) 여파가 확대되는 와중에 웰스파고의 대출 부실 가능성도 높아지고 있다. 이 때문에 웰스파고 CET1은 10%대에 그친다. 위험한 상황은 아니어도 우량 은행 대비 지나치게 낮은 수치다.

리스크는 또 있다. 웰스파고는 미국 금융당국의 제재를 어겨 수시로 벌금을 부과받는다. 2022년에는 벌금과 고객 보상금으로 5조원에 가까운 돈을 물어줬다. 은행 고객 1600만명에게 규정보다 높은 금리와 수수료를 받아냈기 때문이다.

리스크만큼이나 성장성은 높게 나온다. 월가는 웰스파고 EPS가 5개년(2022~2026년) 평균 13.44%씩 성장할 것으로 보고 있다. 5년 평균 배당성향이 79%를 넘어 '넘사벽'이다.

우리금융은 2023년 9월 19일 기준 배당수익률이 9%에 달했다. 기업금융의 강자이기 때문에 우리은행의 경쟁력은 유지될 것으로 보이지만 주식투자 전성시대에도 증권사가 없는 것은 약점이다.

낮은 기대감은 낮은 주가로 이어지고 있다. 2023년 예상 순익을 장부 가치로 평가한 주가순자산비율(PBR)은 0.31배로 8곳 중 가장 저조하다. 순익 대비 배당금이자 배당 의지를 대표하는 배당성향도 5년 평균(2019~2023년) 24.65%로 낮은 편이다.

실제 국내 4대 지주의 배당성향은 24~25에 그치고 있다. 미국 은행 중 가장 낮은 곳은 BoA(27.56%)다. 중장기로 봤을 때 미국 은행들은 배당을 할 만큼 하고 있고, 한국 금융지주들은 사정이 나아지면 배당성향이 높아질 여지가 더 크다.

새내기주 따라잡을까, 수혜주 살까

2024년에도 주식시장에 데뷔하는 '새내기주'는 나온다.

이들은 자신의 기업가치를 뽐내고 그 주식을 나눠준 후 그 돈으로 뭔가 제품을 만들어 주가를 띄우고 다시 투자자들을 모아 성장을 이어간다.

가장 말쑥한 자태로 국내외 주식시장에서 기업공개(IPO)에 나서는 새내기주는 젊고 성장성이 뛰어나다. 이들은 IPO 이전부터 생업에 종사하던 회사들로, 투자자들은 이제야 그들의 진가를 알았을 뿐이다.

문제는 새내기주가 주식시장에 데뷔하기 위해 엄청나게 외모를 치장했다는 것이다. 실적을 극대화하기 위해 무리했다는 뜻이다. IPO에 나선 기업들이 이처럼 '화장'을 하는 것은 주식시장에 데뷔하자마자 돈을 돌려줘야 하는 '물주'가 있기 때문이다.

물주는 사모펀드 등 초기 성장성과 수익을 극대화하기 위해 이들 회사에 일찌감치 투자한 사람이나 기관들이다. 이들은 IPO에 성공하자마자 지분 일부 혹은 대부분을 처분한다. 새내기 회사들 입장에선 자신의 회사가 보잘것없을 때부터 참아주고 키워주고 돈을 대준 '은인'인 셈이다.

이들에게 가장 높은 수익률을 안겨주기 위해 새내기주가 어쩔 수 없이 주식시장에 데뷔하는 사례도 많다. 그래서 초기 투자자가 필요 없거나 이미 돈을 엄청 잘 벌고 주변에 손을 벌릴 필요가 없는 알짜 회사들은 비상장사인 경우가 꽤 된다.

유럽 명품 기업 샤넬이 대표적이며, 국내 1위 임플란트 회사 '오스템임플란트'가 상장돼 있다가 비상장으로 돌린 것도 이

ARM 수혜주 국내외 기업 주요 지표

	아마존	마이크로소프트	애플	삼성전자	가온칩스
주가수익률(%)	66.7	41.1	43.4	27	232.2
주가수익비율(PER, 배)	42	30.77	27.1	46.54	84.7

주가는 2023년 들어 9월 12일까지 등락률, PER은 2023년 예상 순익.　　　자료: 블룸버그

런 이유에서다.

이런 여러 배경 탓에 중장기 투자자 다수는 이런 새내기주에 아예 투자하지 않는다. 몸값이 너무 비싸게 나와 투자 매력이 없다는 것이다. 또 상장 초기에 들어갔다가 물주들의 대량 매도 물량에 주가 폭락을 겪기 싫어서다.

그래서 나온 전략 중 하나가 어떤 새내기주가 데뷔했을 때 영향을 받는 업종이나 관련주에 투자하는 것이다.

2023년 9월 미국과 중국은 인플레이션 상황 속에서 반도체 등 첨단기술 패권을 놓고 박 터지게 싸우고 있었다.

이때 빅테크를 구원하러 87조원짜리 팔(ARM·암)이 쑥 나와 시장을 흔들었다. 같은 해 9월 15일 세계 최대 반도체 설계회사 ARM 주식이 미국 나스닥 시장에서

거래되기 시작했다. 2014년 알리바바에 이어 약 10년 만의 정보기술(IT) 업종 최대다. 기업가치 86조7000억원(상장 첫날 종가 기준)에 달하는 ARM이 미·중 무역갈등 악재에 신음하던 빅테크들의 '구원투수'로 등판한 것이다.

ARM 자체보다 관련 수혜주를 찾는 것은 리스크를 낮추는 방식이다.

'제2의 테슬라' 루시드와 '제2의 아마존' 쿠팡은 상장 이후 한동안 주가 폭락으로 고전을 면치 못했다.

ARM과 같은 '신상 주식'을 곧바로 사기엔 겁이 날 수밖에 없다. 그 대신 저전력 반도체 설계의 일인자인 ARM과 손잡고 있는 빅테크들이 주로 수혜를 볼 것이란 분석이 힘을 얻어왔다.

영국에 본사를 둔 ARM은 반도체 설계도

를 IT 회사들에 로열티(사용료)를 받고 파는 회사다. 특히 스마트폰 머리에 해당하는 애플리케이션 프로세스(AP) 설계 기술을 보유하고 있는데 점유율이 99%에 달한다.

상장을 앞두고 ARM은 연구개발(R&D) 투자비를 늘리며 클라우드에서 경쟁력을 높여왔다. '구름'이란 뜻의 클라우드는 아마존과 같은 회사가 데이터센터를 대신 지어주고 IT 자원을 빌려주는 개념이다.

인공지능(AI), 자율주행 등 데이터 처리량이 급증하면서 클라우드 사업은 아마존, 마이크로소프트(MS) 등 빅테크의 핵심 캐시카우(현금 창출원)로 자리 잡았다. 상장 이후 ARM 몸값은 점유율 한계치에 도달한 모바일보다 클라우드 사업에 달린 셈이다.

클라우드 업체들은 ARM 설계도를 쓰는 대신 로열티를 지불해야 하지만 ARM 기술 적용을 통한 비용 절감이 더 클 것으로 보고 있다.

투자자들은 'ARM 클라우드 점유율 확대→클라우드 사업 비용 절감→순익 증가→관련 빅테크 주가 상승'을 기대하고 있다.

이 같은 클라우드 서버용 반도체 칩 시장은 인텔과 AMD가 양분해왔다.

서버는 휴대폰과 달리 저전력보다 성능이 더 중요했다. 그러나 물가 상승(인플레이션) 압박은 아마존과 같은 빅테크에도 비용 절감을 요구하고 있다.

아마존이 '그래비톤'을 탑재해 클라우드 사업(아마존웹서비스 · AWS)을 키우고 있는데 바로 여기에 ARM의 '네오버스'가 적용됐다.

시장조사기관 IDC에 따르면 ARM 서버 칩의 시장 점유율은 2021년 5%에서 2023년 6월 말 10%대로 올라섰다.

아마존의 사업구조는 온라인 상거래와 클라우드 사업이다. 클라우드는 2023년 2분기 기준 16.5%지만 이익의 대부분은 여기서 나온다.

전 세계 클라우드 1위가 아마존(점유율 34%)이고, 그다음이 MS다. 구글이 3위인데 이들과의 격차가 큰 편이다.

월가는 아마존과 MS의 실적 전망을 올리고 있는데 ARM 관련 수혜가 작용하며 성장성을 높게 보고 있다.

전력 대비 효용성을 따지는 빅테크들의 ARM 채택 비중은 점점 늘어날 전망이다. 기상 이변으로 친환경에 대한 요구가 거세지면서 아마존 등 거대 탄소 배출 기업은 친환경 설계 기반의 ARM에 의존할 수밖에 없다는 것이다.

블룸버그를 통해 본 아마존의 2023년

말 예상 주당순이익(EPS)은 3.41달러다. 2027년 예상 EPS는 8.59달러다. 이를 연평균 성장률(CAGR)로 계산해보니 20.3%였다.

해외 주식투자 때 EPS가 중요한 것은 빅테크의 경우 매년 실적이 늘고, 주식 수는 감소해 중장기 EPS 성장률이 꾸준하기 때문이다.

ARM이 또 다른 빅테크로서 열심히 일하면서 AWS의 수익성을 높여 아마존 실적을 매년 20%씩 끌어올려줄 것이란 기대감이 숫자에 담겨 있다.

MS 역시 ARM과 협력해 비용 절감에 나서고 있다.

아마존이나 MS나 IT 사업을 위해 자체 칩을 개발하고 있다. 이는 중장기적으로 ARM에 악재다.

그러나 대량생산에는 적합하지 않다. MS는 ARM 기술을 적용해 더 효율적인 서버용 운영체제(OS)를 개발하는 데 몰두하고 있다.

인플레이션 시대에 맞게 전력 소비를 줄이는 데 초점이 맞춰져 있다 보니 인텔·AMD 대신 ARM 기반으로 전환하고 있다.

MS의 회계연도는 매년 6월 말이다. EPS는 2024년 6월 말 10.98달러에서 2028년 6월 말 18.87달러로 추정된다.

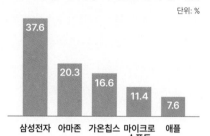

ARM 상장 수혜주 주당순이익 증가율

단위: %

- 삼성전자 37.6
- 아마존 20.3
- 가온칩스 16.6
- 마이크로소프트 11.4
- 애플 7.6

2023~2027년 연평균 성장률 기준.   자료: 블룸버그

MS의 5개년 평균 EPS 성장률은 11.4%로 아마존(20.3%)보다는 낮게 나온다. ARM을 통해 수익성 향상이 기대되는 클라우드 사업 점유율이 아마존에 비해 낮다는 점이 작용한 것으로 보인다.

MS의 2023년 예상 실적을 반영한 주가수익비율(PER)은 30.77배다. 아마존의 PER은 42배다.

ARM 상장을 통해 중장기 수혜가 예상되는 빅테크는 ARM 지분 투자사들이다. 애플, 엔비디아, 삼성전자 등이 ARM 초기 투자자들로 나섰다. 이들은 삼성전자처럼 단기 재무 압박을 받을 경우 ARM 지분을 내다 팔아 현금화하겠다는 중장기 전략을 깔고 있다.

삼성전자도 소프트뱅크처럼 IT 회사 초기 투자로 재미를 봤다.

반도체 불황 여파로 신음하던 이 국내 시가총액 1위 회사는 2023년 들어 네덜란드 반도체 장비 업체 ASML의 지분 일부를 매각해 3조원을 현금화했다. 이 현금은 반도체 R&D와 관련 설비 투자에 쓰인다. 삼성전자의 ASML 지분율은 2023년 3월 말 1.6%에서 6월 말 0.7%로 줄었다. 삼성전자는 2016년에도 ASML 지분을 매각하고 6000억원을 확보해 자금 압박 위기를 넘긴 바 있다.

애플 역시 ARM 지분 투자로 인해 중장기 수혜가 예상되지만 클라우드 업체들에 비해 그 영향은 제한적일 것이라는 평가를 받는다. 5개년 EPS 성장률이 7.6%에 그치는 이유다. 중국 정부의 아이폰 사용 금지도 한몫하고 있다.

결국 애플은 아이폰 외에 '비전프로'(가상현실 기기), '애플카'(자율주행차), '애플+'(온라인동영상서비스) 등에서 추가 성장 동력을 얻어야 한다.

삼성전자 외에 국내 수혜주로는 가온칩스가 손꼽힌다. 이 코스닥 상장사는 2023년 들어 9월까지 주가가 3배나 급등했다. 가온칩스는 2012년 설립된 반도체 디자인하우스다. 시스템 반도체 생산 과정에서 설계 회사와 생산 회사 사이의 접점 역할을 한다. 주로 자율주행과 AI 분야 반도체의 공정과 설계를 담당한다.

특히 2023년 주목받은 것은 이 회사가 삼성전자 파운드리(위탁생산 사업부)와 ARM의 공식 파트너사라는 점이다. ARM에 올라탄 가온칩스의 2023~2026년 EPS 연평균 성장률은 16.6%로 추정된다.

아직은 국내외 빅테크 대비 매출과 순익 규모나 성장률에서 밀리는 양상이다.

매출은 2020년 171억원에서 2022년 433억원으로 2년 새 2.5배 성장했다. 다만 순이익은 2021년 62억원에서 2022년 44억원으로 감소했다. 이에 따라 2023년 예상 PER이 84.7배에 달해 중장기 접근이 유효하다는 해석이 나오고 있다.

2024년에도 전쟁 계속되나, 방어주 된 방산주

지구촌에서 전쟁이 잇따라 발발하면서 전 세계 방위산업체 투자자들 사이에서는 '잔인한 호재'라는 말이 나온다. 한마디로 '피의 대가'로 돈을 버는 방위산업체 주식(방산주)이 자산 포트폴리오를 지킬 선호주로 부상한 것이다. 주식시장

의 냉정함을 보여주는 대목이다.

특히 2022년 러시아·우크라이나에 이어 최근 이스라엘 지역까지 지구촌에서 전쟁이 이어지면서 투자 심리도 바꿔놓고 있다.

록히드마틴, 한화에어로스페이스 같은

미국과 한국의 방산 대장주를 위기 시 포트폴리오 '방어주'로 담을 필요가 있다. 리스크를 안고 주가 급등을 노린다면 넘버원 투자처로는 한화에어로스페이스가 꼽힌다. '천조국'(1000조원이 넘는 미국 국방예산)을 등에 업고 배당과 자사주 소각 효과를 노린다면 록히드마틴이다. 주가가 저렴하면서 중수익·중위험을 추구하는 투자자에게는 미국 레이시언이 적합하다.

이런 결론은 국내와 미국의 방산주 8곳을 비교 분석해보면 나온다. 비교 잣대로는 이익률과 성장성, 주주환원 의지, 주가 저평가 등 4대 지표를 주로 쓴다.

각국의 4대장은 시가총액과 매출 기준으로 나오는데 이들이 주요 방산주로 언급되고 있다. 국내 상장사로는 한화에어로스페이스, 한국항공우주(KAI), LIG넥스원, 현대로템이 있다. 미국에선 록히드마틴, 노스럽그러먼, 레이시언, 보잉 등이 4대 방산주다.

2023년 상반기 기준으로 영업이익률 1위는 록히드마틴(13.1%)이다.

록히드마틴은 현존하는 세계 최강의 전투기 'F-35'를 만드는 미국 대표 방산업체다. F-35는 대당 가격이 1억달러 수준이며 이익률을 좌지우지한다. F-35를 비롯해 각종 군용기와 헬기 등 항공 부문 매출이 이 회사 중심이다. 2023년 2분기 기준 매출의 41.2%를 차지한다.

이스라엘·하마스 전쟁에서 대규모 미사일 공격이 이뤄졌는데 이 분야(미사일 시스템)는 록히드마틴 매출의 16.5%를 담당한다.

러시아를 상대하고 있는 우크라이나군의 주력 무기 중 하나가 대전차 미사일 'FGM-148 재블린'이다. 록히드마틴이 레이시언과 합작한 무기다.

우주산업 분야는 록히드마틴 매출의 19%를 차지하며 일론 머스크 최고경영자(CEO)의 '스페이스X'와 치열한 경쟁을 펼치고 있다.

지역별 매출 비중을 보면 미국(75%)에 편중돼 있으나 유럽(9%)과 중동(5%) 매출도 꾸준하다.

월가는 '화약고' 중동의 사정이 나아질 기미가 보이지 않아 이 지역 매출 비중이 높아질 것으로 보고 있다.

2023년 2분기 록히드마틴 매출은 166억9300만달러를 기록했다. 1년 전보다 8.1% 늘어난 수치다.

이스라엘·하마스 전쟁 직전까지 이 방산업체에 대한 2023년 전망은 밝지 않았다. 주력 제품인 F-35의 연간 판매가 100~120대 수준이었는데 2023년에는 95대에 그칠 것이라고 스스로 전망을 낮추기도 했다.

그러나 이 회사는 배당금을 인상하는 승부수를 띄웠다. 2023년 10월에 주당 3달러였던 배당금을 약 0.5달러 올려 3.5달러로 높이겠다고 밝힌 것이다. 이처럼 록히드마틴은 최근 20년 동안 꾸준히 배당금을 인상해왔다.

이는 압도적인 주주환원율로 이어지고 있다. 주주환원율은 주주를 향한 진심을 엿볼 수 있는 수치로, 12개월 배당금과 자사주 매입액을 순이익으로 나눈 값이다.

2023년 6월 말 현재 록히드마틴은 지난 12개월 동안 30억2200만달러(약 4조원)를 배당금으로 지급했다. 연간 몰아서 배당하는 한국 주식과 달리 록히드마틴과 같은 미국 주식은 분기 배당을 한다. 3 · 6 · 9 · 12월에 투자자 계좌에 배당금이 꽂힌다.

여기에 같은 기간 산술 평균 주가 수준을 고려한 최근 1년(2022년 6월~2023년 6월)간 자사주 매입 · 소각 추정치는 57억9900만달러에 달했다. 1년 순이익을 고려한 록히드마틴 주주환원율은 112.2%다. 이 기간에 록히드마틴이 전투기나 미사일을 팔아

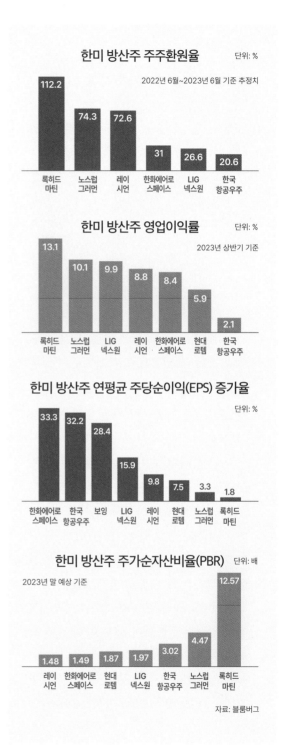

한미 방산주 주주환원율 　단위: %

2022년 6월~2023년 6월 기준 추정치

록히드마틴 112.2 / 노스럽그러먼 74.3 / 레이시언 72.6 / 한화에어로스페이스 31 / LIG넥스원 26.6 / 한국항공우주 20.6

한미 방산주 영업이익률 　단위: %

2023년 상반기 기준

록히드마틴 13.1 / 노스럽그러먼 10.1 / LIG넥스원 9.9 / 레이시언 8.8 / 한화에어로스페이스 8.4 / 현대로템 5.9 / 한국항공우주 2.1

한미 방산주 연평균 주당순이익(EPS) 증가율 　단위: %

한화에어로스페이스 33.3 / 한국항공우주 32.2 / 보잉 28.4 / LIG넥스원 15.9 / 레이시언 9.8 / 현대로템 7.5 / 노스럽그러먼 3.3 / 록히드마틴 1.8

한미 방산주 주가순자산비율(PBR) 　단위: 배

2023년 말 예상 기준

레이시언 1.48 / 한화에어로스페이스 1.49 / 현대로템 1.87 / LIG넥스원 1.97 / 한국항공우주 3.02 / 노스럽그러먼 4.47 / 록히드마틴 12.57

자료: 블룸버그

록히드마틴 연간 매출

단위: 백만달러

2019년	2020년	2020년	2022년
59,812	65,398	67,044	65,984

자료: 인베스팅닷컴

서 벌어들인 순익보다 주주에게 돌려준 금액이 더 많다는 뜻이다. 이전까지 벌어들인 돈이 많아서 가능한 수치지만 필사적으로 주주를 붙잡기 위한 노력으로 풀이된다.

이는 분석 비교 대상 8곳 중 최고치다. 주주환원에 최선을 다한다는 것은 역으로 향후 성장성이 떨어진다는 지표이기도 하다.

2022년 이후 2026년까지 연평균 복합성장률(CAGR)을 적용한 록히드마틴의 주당순이익(EPS) 증가율은 1.8%에 그친다. 투자 안정성이 높은 만큼 이익 증가 속도도 떨어지고 있다.

록히드마틴의 또 다른 투자 약점은 너무 비싸다는 것이다. 2023년 말 예상 기준

주가순자산비율(PBR)이 12.57배에 달한다.

방산주의 경우 전쟁 유무나 방산 정책 변화에 따라 예상치 못한 이익률 변동이 큰 편이다.

특히 국내 방산주는 방위사업청이 매기는 '지체상금'이란 변수가 있다. 지체상금은 납품 예정 기일에 비해 실제 납품 날짜가 늦었을 때 발생하는 벌금이다. 회계상 금융사들의 대손충당금과 비슷하다. 평소 비용으로 처리되다가 어느 순간 순익으로 잡힌다. 대한항공 사례에선 매출이나 이익으로 잡혔다가 갑자기 순익 감소 요소로 바뀌었다.

이는 모두 이익 안정성을 낮추는 요소다. 2013~2016년 대한항공은 방위사업청으

로부터 항공기와 관련해 4408억원을 수주했는데 이 중 725억원(16.4%)을 빼고 받았다. 그러다 법원에서 방사청이 473억원을 다시 대한항공에 돌려주라는 판결을 2023년 10월에 내렸다.

방산주를 평가할 때 이익 기준인 주가수익비율(PER)보다 자산 가치를 반영한 PBR을 주가 평가의 잣대로 주로 쓰는 이유다.

이런 PBR 기준에서 가장 싼 주식은 레이시언(1.48배)이다. 2023년 3분기까지의 주가 하락이 저평가 가치를 높였다.

이스라엘·하마스 전쟁 소식으로 단기간 주가가 급등했지만 레이시언 주가는 2023년 들어 10월 중순까지 27%나 하락했다.

레이시언은 '토마호크' 미사일로 유명한데 미사일 사업 부문 매출 비중이 2023년 2분기 기준으로 39.4%다.

항공기 엔진을 만드는 엔진 사업 비중도 31.1%에 달해 주가 악재로 작용했다. 2015년 출시한 기어드터보팬(GTF) 항공기 엔진에 결함이 발견되는 등 대규모 리콜 사태가 이어지고 있다. 비용이 늘어 이익률이 낮아진 것이다. 같은 방산업종 내 록히드마틴과 노스럽그러먼의 영업이익률이 10%가 넘는데 레이시언은 한 자릿수(8.8%)에 그친 것도 이 때문이다.

월가는 레이시언의 5개년 EPS 성장률을 연평균 9.8%로 추정했다. 레이시언은 8~9%대 이익률과 성장성, 3%대의 배당수익률을 고려했을 때 '중위험·중수익' 주식으로 분류될 수 있다.

EPS 성장률이 30%를 넘어 현재보다 미래가 더 기대되는 '투톱'으로는 한화에어로스페이스와 한국항공우주가 손꼽힌다. 국내의 국방예산 증가 가능성과 해당 회사 기술력에 따른 성장성이 함께 작용할 것이란 기대감 덕분이다.

조 바이든 미국 행정부는 2024회계연도(2023년 10월~2024년 9월) 국방예산을 8420억달러(약 1135조원)로 책정했다. 역대 최대다. 스웨덴 스톡홀름국제평화연구소(SIPRI)에 따르면 미국 국방예산은 국내총생산(GDP) 대비 3.5%다.

한국은 GDP 대비 2.7%에 그치는 데다 분단국가라는 현실, 지속적인 다른 국가 간 전쟁 사태로 국방예산 증가 압박을 받고 있다.

투자자들은 전 세계에서 전쟁이 지속되면 '각국 국방예산 증가→방산주 실적 증가→관련주 주가 상승 혹은 배당 인상' 등이 일어날 것으로 예상한다.

이는 한화에어로스페이스의 향후 실적에 대한 기대감으로 리포트에 반영되고 있다.

한화에어로스페이스 EPS는 2022년 4594.7원이었다. 증권사들은 2026년에 이 수치가 1만9350원까지 오를 것으로 보고 있다. 연평균 33.3%씩 성장한다는 것이다.

한화에어로스페이스의 주주환원율은 미국 방산주 대비 낮으나 국내 방산주 4곳 중 가장 높았다. 주식 수는 1년 새 동일해 자사주 매입·소각은 없었으나 배당금을 반영한 환원율은 31%다.

2023년 상반기 기준 영업이익률도 8.4%다. 국내 방산업계의 낮은 수익성을 고려했을 때 이익률 자체는 높은 편이다. 이 같은 이익률은 4대 무기인 K9 자주곡사포, K10 탄약보급 장갑차, K21 전투차량, 천무 다연장로켓 등이 주로 올리고 있다. 이 중 K9의 세계 자주포 점유율은 50%에 육박하며 압도적이다. 기본 성능 면에선 독일 제품이 더 낫다는 평가도 있으나 가격 대비 성능은 K9을 따라올 것이 없다.

인플레이션 상황에서는 무기 매매에서도 가성비가 가장 중요한 기준으로 따라붙는다. 각국이 저렴한 한국산 무기에 꽂힌 이유다.

전 세계 전쟁이 계속되면서 한화에어로스페이스는 폴란드에 이어 아시아와 중동에서까지 추가 수주 가능성을 높여가고 있다. 한화에어로스페이스의 수주 잔액은 19조원에 달하며, 2022년 매출(6조 5000억원)을 감안하면 3년 치 일감을 미리 확보해 놓았다.

이 방산주 주가는 2023년 들어 10월 13일까지 44% 올랐고, 13일 기준 최근 1년 새 87%가 급등하는 등 시장의 중심주로 자리 잡기도 했다.

배당 투자자로서 유념할 점은 이런 주가 상승이 시가배당률을 낮춘다는 것이다. 이날 기준 한화에어로스페이스의 배당수익률은 0.94%까지 떨어졌다. 당장의 배당 매력보다는 중장기 배당성장을 노릴 필요가 있다.

2024년 핫한 성장주 되려면 이 지표를 보라

증시가 뜨거워지면 가장 빨리 주목받는 주식이 기술주나 빅테크주다.

분명히 굴뚝주보다 상대적으로 주가가 많이 올랐는데 사람들은 이 주식에 더 몰린다. 미래 주가가 더 오를 것이라고 예상하기 때문이다.

대표적 사례가 2023년 3분기까지의 엔비디아다. 이 회사 주가는 이 기간 뜨겁게 타올랐는데 여전히 '배고프다'고 외쳤다. 인공지능(AI) 시대에 강력한 '성장 엔진'을 갖춘 기업으로 평가받으면서 고평가 논란을 헤쳐 나간다.

엔비디아의 주장은 근거가 있는 걸까. 2023년 8월 기준으로 찬찬히 살펴봤다. 먼저 고전적 주가 판단 지표인 주가수익비율(PER · 12개월 선행 기준)을 보면 엔비디아는 57.72배로 애플(29배)의 2배다. PER이 높다는 것은 주가가 이미 많이 올라 고평가됐다는 의미다.

이런 이유로 서학개미들은 엔비디아 주가가 급등하자 그만큼 많이 팔기도 했다. 한때 테슬라보다도 순매도 금액이 더 컸다. 엔비디아나 테슬라 같은 고성장 주식에 단기적으로 들어간 투자자들은 주가가 곧 꺾일까 봐 지레 겁을 먹기도 한다.

하지만 일각에서는 여전히 엔비디아의 주가가 성장할 여력이 있다고 주장한다. 한 예로 엄청난 AI '마력'을 발휘하는 엔비디아의 그래픽카드(GPU)를 고려하면 전혀 다른 평가가 나온다.

AI 첨단 기술주의 미래 주가를 전망할 때 자주 등장하는 지표가 주가수익성장비율(PEG)이다. 이 비율은 PER을 주당순이익(EPS) 전망치로 나눈 값이다. 여기서 EPS 성장률은 보통 향후 5개년 예상치를 적용한다.

PER은 이익이 빠르게 성장하는 기업을 무조건 고평가로 분류할 수 있어 이를 보완하기 위해 PEG가 나왔다. 월가의 큰손 투자자들이 투자 대상을 살피거나 매수 혹은 매도를 결정하기 위해 보는 주요 기준이다.

일부에선 알고리즘 매매에서도 쓴다. 사람들이 감정에 매달려 매수 혹은 매도를 주저할 때 로봇들은 PEG 기준으로 자동 매매에 나선다.

보통 1.5배 이상이면 고평가됐다고 보는데 초고속 성장주 엔비디아의 출현으로 이런 기준도 상향 조정돼야 한다는 얘기가 나온다.

PEG는 고성장 엔진(이익 성장)을 갖춘 기업은 빠른 속력(가파른 주가 상승)을 지속적으로 낼 수 있다는 철학을 담고 있다. 이 지표로 따지면 엔비디아가 여전히 애플보다 저평가 상태라는 역설이 나온다. 블룸버그 상장사 예상 수치 데이터를 활용해 한국과 미국의 10대 AI 관련주 PEG를 분석해봐도 비슷한 결론이 나온다.

한국에선 삼성전자, SK하이닉스, 네이버, 카카오 등 4곳이 미국 빅테크와 비교할 만하다. 미국에는 애플, 마이크로소프트(MS), 구글, 아마존, 엔비디아, 메타 등 6곳이 있다.

월가의 전설적 펀드 매니저였던 피터 린

치는 PEG 0.5 이하를 '매수 추천', 1.5 이상은 '매도 고려'로 제시했다.

EPS 성장률은 매년 단순 산술평균이 아닌 연평균 복합 성장률(CAGR)을 적용한다. CAGR은 산술평균보다 성장률의 전반적 특성을 좀 더 정확하게 파악할 수 있다. 일반적으로 산술평균보다 낮게 나와 PEG가 과소평가되는 것을 막는다.

2023년 2분기 실적을 기준으로 엔비디아를 먼저 살펴보자.

이 AI 대장주의 당시 분기 주당 순익은 2.48달러로, 1년 전보다 무려 854% 급증했다. 분기 순이익률은 45.8%에 달한다. 순이익률은 이익 성장의 '기울기'다. 비교 대상 10곳 중 1위다.

엔비디아 주가는 2023년 들어 8월 24일까지 3배 이상 올랐다.

이미 고지대에 올라왔지만 이익 성장 '기울기'가 가파르니 더 오를 여지가 있다는 것이다.

2024년 연간 예상 EPS가 8.14달러로 올라선다. 5년 후엔 19.58달러로 추정된다. EPS 성장률은 19.19%가 나온다. 변함없는 자사주 매입·소각은 이 같은 성장률에 힘을 싣는다.

엔비디아 등 미국 빅테크 상장사는 설비나 연구개발(R&D) 투자 후에 남는 돈을 자신의 주식을 사서 없애버리는 데 쓴다.

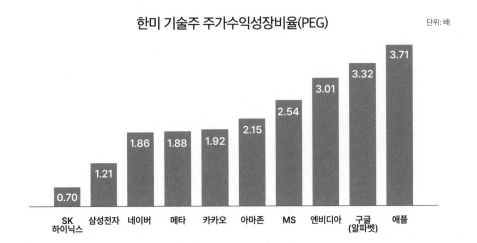

한미 기술주 주가수익성장비율(PEG)

단위: 배

- SK하이닉스: 0.70
- 삼성전자: 1.21
- 네이버: 1.86
- 메타: 1.88
- 카카오: 1.92
- 아마존: 2.15
- MS: 2.54
- 엔비디아: 3.01
- 구글(알파벳): 3.32
- 애플: 3.71

PEG는 12개월 선행 PER/향후 5개 회계연도 연평균 주당순이익(EPS) 예상 증가율.
SK하이닉스는 2023년 적자가 예상돼 4개년(2024~2028년) EPS 예상치 적용.

자료: 블룸버그

이는 배당과 함께 기존 주주가 보유한 주식 가치를 높이는 행위다. 국내 상장사는 이런 소각이 거의 없어 순익 증가율과 EPS 증가율이 대부분 일치한다.

실적 발표와 함께 엔비디아는 250억달러(약 33조3750억원) 규모의 자사주 매입 계획도 내놨다.

엔비디아 PER(57.72배)을 EPS 성장률(19.19%)로 나누니 3.01배가 나온다. 이익 성장에 비해 주가 상승 속도가 3배나 빠른 셈이다.

피터 린치 기준으로 보면 턱없이 비싼 가격이다. 다만 빅테크끼리 비교하면 얘기가 다르다. 같은 식으로 애플을 계산해보니 PEG가 3.71배에 달했다.

애플을 살 바에야 엔비디아를 사는 게 낫다는 결론에 도달하는 사람이 늘고 있다. PEG 수치가 주요 근거다.

애플 PEG가 더 높게 나와 고평가를 받는 것은 주당 이익이 연평균 7.82%씩 성장할 것으로 봤기 때문이다. 성장률이 엔비디아의 절반에도 못 미친다.

이처럼 PEG는 주가에 따른 고평가 정도를 이익 성장률로 할인해주기 때문에 초고속 성장주에 유리한 지표다. 최악의 상황에서 반등하는 주식에도 유리하다. 당시만 해도 삼성전자와 SK하이닉스가 유일하게 '보유할 만한 주식'(PEG 1.5 미

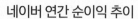

네이버 연간 순이익 추이

단위: 억원

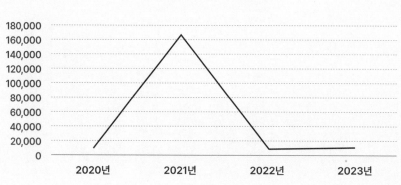

2023년은 증권사 3곳 이상 추정치 평균.

자료: 에프앤가이드

만)으로 분류된 이유다.

PEG 지표도 약점이 있다. 작은 이익이 순식간에 급성장하는 스타트업과 같은 소규모 성장기업을 저평가로 보여준다는 것이다. 꾸준히 이익을 내긴 하지만 유동자금이 없어서 갑자기 도산하는 '흑자도산' 기업을 과대평가할 수도 있다.

PEG와 함께 봐야 하는 지표는 잉여현금흐름(FCF)이다. 기업이 사업에서 벌어들인 현금에서 각종 비용과 세금, 설비투자 등을 빼고 남은 현금흐름을 말한다.

삼성전자와 SK하이닉스는 2023년 6월 말 기준 FCF가 각각 -8조원, -6000억원이다. 막대한 설비투자에도 메모리 반도체 호황이 돌아오지 않으면 흑자도산 리스크가 커진다.

분석 대상 10곳 중 FCF가 플러스(+)이면서 PER이 가장 낮은 곳은 네이버(1.86배)다. PEG만 보면 카카오(1.92배)가 네이버보다 비싼 주식이라고 말하고 있다. 어쩌면 계속해서 네이버가 카카오 대비 비싼 주식으로 보일 수도 있다. 주가가 더 많이 올라 PEG 수치가 오르고 있는 것이다.

월가에서도 네이버의 AI 모델 '하이퍼클로바X'를 주목하고 있다. 네이버의 검색 능력을 바탕으로 온라인 광고, 콘텐츠 소비, 커머스(전자상거래) 등을 통합하는데 AI를 적극 활용할 계획이다. 국내 경쟁사인 카카오보다 AI 서비스 출시도 빨랐다.

카카오는 2024년에서야 글로벌 기준에

부합하는 AI 서비스를 선보일 것으로 보고 있다. 향후 5개년 연평균 EPS 증가율은 18.6%다. 아마존은 18.7%다.

2023년 남몰래 꾸준히 올랐던 주식은 메타다. 과거 페이스북이다. 마크 저커버그 최고경영자(CEO)가 분기 실적 현장에서 눈물을 글썽이며 힘들어했는데 어느새 화려하게 부활하고 있다.

맞춤형 광고의 최강자인 메타는 여전히 저평가 영역에 있다. PEG는 1.88배로, 2023년 8월 말 당시 미국 주요 빅테크 중 유일하게 2배 이하를 기록했다.

PER 기준으로도 주가는 싼 편이다. 2023년 주가가 급상승했지만 PER이 21.56배로 미국 빅테크 6곳 중에서 가장 낮은 것도 저평가를 유지하는 이유다.

많은 R&D 비용이 필요한 엔비디아와 달리 비용 부담이 작아 순이익률(2023년 6월 말 기준)이 31.5%에 달한다. 구글(25.3%)보다 한 수 위다.

뭐니 뭐니 해도 메타의 순이익률 증가는 최근 1년 새 2만명 넘게 직원을 해고하며 비용을 줄인 게 주효했다는 평가다. 직원의 고통이 주주의 행복으로 이어진 것이다. 주식시장은 냉정하다. 높은 이익률과 낮은 PEG를 유지하려면 직원이냐 주주냐를 두고 CEO가 선택해야 한다.

주식시장은 직원을 늘리고 이들의 임금을 올려주며 노조에 끌려다니는 상장사를 싫어한다. 실제로 노조 활동을 하면서 투자할 땐 노조가 없는 테슬라 주식을 사는 사람도 많다.

국내 시장에는 '화려한 사옥을 짓는 기업 주식은 무조건 팔라'는 격언이 있다. 과거 아모레퍼시픽이 중국 화장품 매출 급증에 힘입어 눈부신 사옥을 지었지만 이후 주가는 꾸준히 하락했다. 사옥은 짓는 순간 투자와는 상관없는 자산이 된다. 투자자들은 화려한 사옥을 보면서 "배당이나 자사주 매입을 할 것이지 왜 저런 빌딩을 지었지?"라고 반문한다.

네이버 판교 사옥에는 로봇이 돌아다니는 등 직원 편의시설이 많다. 그러나 이런 사옥을 짓는 순간 네이버 주가는 힘을 쓰지 못하고 있다.

네이버 등 국내 빅테크 PEG가 낮은 것은 이처럼 주주보다는 직원에게 신경 쓰느라 주가가 하락하면서 나타난 '착시'일 수도 있다.

미국 빅테크들은 주가가 빠르게 오르지만 그 이상으로 이익이 증가하면서 PEG가 크게 오르지 않는 현상이 지속되고 있다. 아직 갈 길이 먼데 미리 쉬겠다고 그 자리에 주저앉는 주식을 좋아할 투자자는 거의 없다. 국내 빅테크의 낮은 PEG는 극복해야 할 과제다.

자동차 주식은
만년 저평가 신세 벗어날까

1960년대에 걸맞은 영화가 '포드 대 페라리'였다면 2023년 들어서는 '기아 대 테슬라'를 외치고 있다.

영업이익률 13%를 달성한 기아는 실적 대비 낮은 주가와 짭짤한 배당수익률로 투자 시장에서 '기린아(지혜와 재주가 뛰어난 사람)'로 떠오른다.

수익성이 꺾인 테슬라는 매출 대비 비용 수준이 낮은 데다 미국 전기차 시장의 절대 강자로서 언제든 수익성이 가장 높은 '마진왕' 자리를 탈환할 태세다.

수년간 구조조정을 이어온 포드는 특별배당 등 주주환원 강화로 주주 이탈을 막고 과거의 영광을 찾겠다는 심산이다.

2023년 2분기 실적을 발표한 한국과 미국의 자동차 주식 '빅5'는 투자자들에게 항상 인기가 있는 주식들이다. 국내 현대차 · 기아와 미국 테슬라 · GM · 포드가 그 대상이다.

2022년 2분기와 2023년 2분기 영업이익률을 비교해보니 기아 · 현대차 · GM은 오른 반면 테슬라와 포드는 마진이 떨어졌다.

2023년 2분기 영업이익률 1위는 기아다. 마진왕 자리는 레저용 차량(RV) 스포티지와 전기차 EV9이 만들어줬다. 분기 매출 26조2442억원에 영업이익 3조4030억원을 달성했다. 1년 새 매출과 이익은 각각 20%, 52% 급증했다.

2022년 2분기까지만 해도 기아는 영업이익률이 10.2%로, 테슬라에 이어 2위였다. 1년 새 기아는 스포츠유틸리티차량(SUV)과 EV9 같은 고수익 차종에 주력하고, 판매관리비 등 비용을 절감했다.

이 같은 전략은 고가 차량인 제네시스 위주로 마진을 많이 남기는 현대차와 비슷하다.

현대차 역시 영업이익률이 2022년 2분기 8.3%에서 2023년 2분기 10%로 뛰었는데, 같은 기간 기아는 10.2%에서 13%로 점프했다.

투자자들이 현대차보다 기아를 더 주목하는 이유는 자동차 회사로선 달성하기 어려운 '4(PER)-4(배당수익률)클럽'이어서다.

2023년 7월 말 기준으로 2023년 말 예상 재무지표를 블룸버그 데이터로 점검해봤다.

기아의 주가수익비율(PER)은 4.01배로, 현대차(4.3배)는 물론 GM(5.28배), 포드(7.71배)보다 저평가를 기록했다.

기아는 이스라엘·하마스 전쟁 사태와 미국의 노조 파업 리스크에 빛을 발하기도 했다. 저평가된 알짜 주식은 위기 상황에서 더 빛나는 법이다.

이스라엘·하마스 전쟁이 발발하고 그 영향이 국내 증시에 반영된 것은 2023년 10월 10일이다.

같은 달 13일까지 외국인 투자자들은 코스피와 코스닥에서 주식을 대거 팔았다. 대규모 유혈 사태로 안전자산 선호 심리가 커지면서 상대

자동차 기업 주가 지표와 재무비율 비교
단위: %, 배

구분	기아	현대차	테슬라	GM	포드
매출 대비 영업비용률	10.10	11.00	8.60	11.50	6.00
배당수익률	4.22	3.54	-	0.94	4.39
PER	4.01	4.30	78.40	5.28	7.71
PBR	0.73	0.73	15.94	0.70	1.20

자료: 금융감독원, 블룸버그

자동차 주식 영업이익률
단위: %

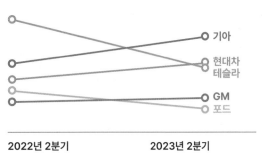

2022년 2분기	2023년 2분기

포드는 1분기 기준.

자료: 블룸버그

브랜드별 미국 시장 전기차 판매량
단위: 대

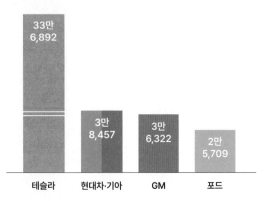

2023년 상반기 기준.

자료: 미국 모터인텔리전스

적으로 지정학적 리스크가 큰 한국 주식의 매력이 떨어졌기 때문이다.

당시 환율이 단기간에 급등하고 미국 국채금리도 4.6%대에 이르자 삼성전자 등 국내 대표 주식에 대한 매도세가 이어졌다.

코스피에서 2023년 9월 18일~10월 13일 누적 순매도액 기준으로 외국인 순매도 1위는 삼성전자로, 7550억원어치를 팔았다. 2~4위는 포스코홀딩스(-5280억원), LG에너지솔루션(-3347억원), LG화학(-3101억원) 순으로 나타났다.

그러나 기아는 달랐다. 이 기간 순매수 1위(2230억원)를 기록했다.

여의도 증권가에선 기아가 다른 자동차 업체보다 비용 대비 통제력이 뛰어나고 파업 악재도 이미 주가에 반영돼 걱정할 것이 없다고 봤다.

'춘투'로 대표되는 노조 파업은 그동안 기아나 현대차와 같은 국내 차 업종의 주가를 짓눌러왔다. 그러나 비슷한 파업이 미국 자동차 업계를 휩쓸면서 현대차그룹에 대한 재평가가 이뤄졌다.

2023년 9월 이후 전미자동차노조(UAW)는 국내 차 노조에 버금갈 정도의 노조 운동을 벌였다. UAW는 같은 해 10월 미국 켄터키주 루이빌 소재 트럭 공장에서 노동자 8700명이 추가 파업에 들어간다고 발표하며 자동차 업계를 긴장시켰다. 이 공장은 포드의 주요 라인업인 픽업트럭 F시리즈 등을 생산하는 곳이다.

국내에서야 수십만 명이 파업에 동조하는 것이 일반적이지만 노조 가입률이 낮은 미국에선 이례적인 파업이다. 당시 UAW 파업 인원은 3만명에 달했다. UAW의 전체 조합원 수는 14만6000명이다.

사측은 자동차 노동자들을 해고하면서 맞섰다. 이들 회사 3곳이 4800명을 잘랐다. 국내는 이처럼 노동자들을 해고하긴 어려운 구조다.

파업 장기화로 미국 자동차 회사가 해고를 지속할 경우 오히려 이들 상장사의 인건비 부담이 줄어 주가에 호재로 작용할 수 있다는 시각도 있다.

테슬라는 2023년 들어 노조 설립을 주도한 노동자를 무더기 해고하는 등 '무노조 경영'을 고수하고 있다. 2022년까지 두 자릿수 영업이익률을 기록하다가 이제 한 자릿수로 내려왔지만 반등할 여력이 있는 셈이다. 2022년 2분기 이익률이 14.6%였는데 2023년 2분기에는 9.6%로 내려왔다. 기아, 현대차보다 아래다.

수익성이 떨어진 테슬라가 여전히 높은 평가를 받는 것은 이 회사의 비용 통제력 덕분이다.

테슬라의 2023년 2분기 매출 대비 영업

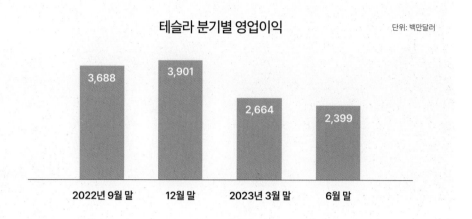

테슬라 분기별 영업이익

단위: 백만달러

2022년 9월 말	12월 말	2023년 3월 말	6월 말
3,688	3,901	2,664	2,399

자료: 인베스팅닷컴

비용률은 8.6%로 한 자릿수다. 영업비용에는 인건비를 중심으로 판매·마케팅비 등이 포함된다.

현대차와 기아는 이 같은 비용이 매출에서 차지하는 비중이 각각 11%, 10.1%로 테슬라보다 높다.

이 같은 비용 통제력의 차이는 앞서 살펴본 대로 노조 유무와 깊은 관련이 있다.

국내 자동차 노조들은 정년 연장과 파격적인 임금 인상안을 지속적으로 요구하며 언제든 파업에 나서겠다는 입장이다. 기아와 현대차의 PER이 4~5배라고 해서 무조건 저평가됐다고 보기 어려운 이유 중 하나다. 강력한 노조의 요구가 관철되면 순익이 감소해 주주환원에 나설 여력이 감소한다는 위험(리스크)이 상존하고 있다.

노조 편에 선 조 바이든 정부의 미움을 받고 있지만 일론 머스크 테슬라 최고경영자(CEO)는 주주 편에 서 있는 셈이다. 2022년 이후 자동차 업종 주가는 전기차 판매량과 높은 상관관계를 유지하고 있다.

세계 최대 전기차 시장은 중국이지만 투자 시장에선 미국 점유율에 높은 가중치를 부여한다. 중국에선 중국 기업 몰아주기가 성행하고 있기 때문이다.

2023년 상반기 기준 미국에서 전기차를 가장 많이 판 곳은 테슬라(33만6892대)다. 현대, 기아차, GM, 포드의 판매량을 다 합치면 10만대 수준이다. 빅5 기준으로 테슬라의 미국 전기차 시장 점유율은

무려 77%에 달한다. 압도적인 점유율은 테슬라의 높은 PER(78.4배)을 설명하는 도구다.

레거시들의 협력은 테슬라의 투자 리스크이나, 오히려 노조 등쌀에 전통 자동차 업체들의 힘은 약화되고 있다.

파업에 휩싸인 포드의 경우 배당 투자 관점으로 접근할 필요가 있다.

2023년 7월 말 기준 포드의 배당수익률은 4.39%였는데 10월 들어 5%로 올라섰다. 그만큼 주가가 많이 하락했다는 뜻이다. 포드 투자 시 국내 시중은행 예·적금 수준의 금리보다 높은 배당률을 제공받게 됐다.

포드는 전기차 전환으로 막대한 비용이 발생하자 전기차 사업부 인원까지 감축하는 등 뼈를 깎는 구조조정을 단행하고 있다. 이에 따라 테슬라와 마찬가지로 매출 대비 영업비용률이 한 자릿수로 낮아 '마진 턴어라운드'도 기대할 수 있다.

포드는 분기 주당 0.15달러에다 0.65달러의 특별배당을 지급하며 주주를 붙잡는 데 안간힘을 쓰고 있다.

벤츠나 BMW 주가도 부진한 상황에서 자동차 업종 '명품주'는 단연 페라리다.

페라리는 'RACE'라는 이름으로 미국 시장에 상장돼 있다. 이탈리아 슈퍼카 브랜드로 계속해서 예상보다 뛰어난 실적을 내고 있다.

2023년 2분기도 마찬가지였다. 실적 자신감에 연간 가이던스를 상향 조정하기도 했다. 가이던스는 실적만큼이나 주가에 영향을 많이 준다. 최고경영자나 재무책임자가 향후 실적을 미리 공개하면서 시장이나 주주들을 안심시키는 주주 친화적 행보다.

가이던스를 제시할 때 회사 측은 주로 보수적으로 발표한다. 기대치를 높였다가 실적이 그보다 못하면 주가가 폭락할 수 있기 때문이다.

2023년 10월 중순 기준 주가는 사상 최고가에 다다랐다. 1년 새 주가는 59%나 올랐다.

테슬라와 달리 차 값을 눈에 띄게 내린 적이 없다. 페라리의 강렬한 붉은 색깔 차량은 '부의 상징'으로 통한다.

페라리의 2023년 2분기 주당순이익은 43.9% 증가한 2.0달러였다. 월가 예상치를 5% 웃돌았다. 2분기 차량 인도 수는 3392대로 견고했다.

페라리의 영업이익률은 1년간 평균 25%를 기록했다. 한 자릿수인 다른 자동차 기업과의 비교를 불허한다.

각국의 긴축적인 통화정책과 고금리에도 전 세계에서 페라리 고급 차종에 대한 주문이 이어지고 있다. 차량 주문은 2025년까지 다 찼다. 2023년 들어 출시한 페라리 최초의 SUV 푸로산게는 일반인은 2026년에나 받아 볼 수 있다.

페라리는 가솔린 고성능차에 대한 고집을 꺾고 전기차도 내놓는다. 최초의 전기차 모델은 2025년 4분기께 공개될 예정이다. 미국과 한국의 자동차 기업들이 만성 저평가에 시달릴 동안 페라리는 유독 고평가 영역에 가 있다. 전기차 모델마저 성공한다면 페라리는 고평가 논란도 벗을 것이다.

오너 지분 1% 변화에도 촉각을 곤두세워야 하는 이유

주식 매수 경쟁 속에서 지분 1%는 '타노스의 건틀릿'에 비유된다.

할리우드 영화 '어벤져스'에서 절대악 '타노스'는 막강한 힘의 원천 '건틀릿'을 끼고 손가락 하나를 튕겨 인류의 절반을 사라지게 만들었다. 지분 경쟁 속 주식 한 주의 가치는 회사 주인을 결정하는 주주총회 승패를 가르기 때문에 그만큼 소중하다는 것이다.

투자자 입장에서는 이런 상황을 이용해 짭짤한 수익을 올릴 수 있다. 지분 경쟁이 본격화되면 기업가치보다 주가가 더 많이 오르는 경향이 있기 때문이다.

다만 지배구조를 둘러싼 지분 경쟁은 워낙 개미들에게는 정보가 차단된 상태에서 진행되기 때문에 예상치 못한 일이 발생해 쪽박을 찰 수도 있다. 기업이 탄탄한 실적을 자랑하더라도 지분 경쟁에 휩

싸이는 순간 '고위험 · 고수익' 주식이 된다는 얘기다.

2023년 들어 범현대가(家)가 지배구조 개편 과정을 겪으며 주식시장에서 주목받고 있다. 지배구조 개편 불확실성에 억눌려 있던 주가가 회복되면서 오랜만에 미소 짓는 주주들이 있다.

현정은 회장의 현대엘리베이터, 정지선 회장의 현대백화점, 정의선 회장의 현대글로비스는 2023년 상반기까지 화제의 주식이었다. 이들은 공통적으로 지배구조 개편주로 불리며 주가 급등락 불씨가 여전히 남아 있다.

기업 오너들은 외부의 공격이나 지주사 전환 숙제를 해결하기 위해 이들 회사에 대한 지배력을 강화하거나 유지해야 한다. 이를 위해선 지분을 늘리거나 실적 상승을 통한 주주환원이 필요하다. 오너

입장에선 지배구조 '소음'이지만 반대로 주주들에겐 '호재'로 작용하는 것이다.

그동안 오너들은 낮은 지분율로 그룹 전체를 지배하는 것이 가능했다. 그러나 오너들의 전횡을 막으려는 요구가 빗발치자 지분 규제가 생겨났다. 금융당국이 지주사 요건으로 최소 지분 30%(공정거래법상 상장 자회사 기준)를 내걸자 이것이 자회사 지배력 기준이 되고 있다.

2023년 10월 들어 이스라엘·하마스 전쟁 사태로 국내 시가총액 상위주들이 주가 약세를 경험했는데도 일부 지배구조 개편주는 강세를 보였다.

특히 현대엘리베이터(주식명 현대엘리베이) 주가는 2023년 들어 10월 14일까지 73%나 급등했다. 이는 같은 기간 코스피 상승률(10.4%)의 7배에 가까운 수치다.

2023년 8월 말 기준 현대엘리베이터 최대주주는 현대홀딩스컴퍼니(19.26%)다.

이 회사는 현정은 회장 일가가 100% 보유한 가족회사다. 여기에 현 회장(5.74%), 자녀들과 특수관계인(2.77%) 등 27.77%가 오너의 우호 지분이다. 최소 지배력으로 평가받는

지배구조 개편 관련주 주요 재무 투자지표

	영업이익률	배당수익률	주가순자산비율 (PBR)
현대엘리베이터	2.35%	1.12%	1.54배
현대백화점	8.27%	1.88%	0.34배
현대글로비스	6.13%	3.23%	0.96배

*영업이익률은 3분기(현대엘리베이터는 2분기) 증권사 추정치 평균. 배당수익률은 5일 기준 주가 대비 전년도 배당금. PBR의 경우 전년도 실적 기준. 자료=에프앤가이드

현대엘리베이터 지분경쟁 각축전 (단위=%)

오너家 지분		反오너 지분	
현대홀딩스컴퍼니	19.26	쉰들러홀딩스	13.22
현정은 회장	5.74	오르비스	6.9
김문희 여사	5.74	기타 외국계	3.02
현 회장 자녀들	1.0	KCGI자산운용	2.0
소계	31.74	소계	25.14
중립지분		국민연금	**5.73**

*현대글로벌은 현정은 회장 등 오너일가 100% 가족회사. 기타 외국계는 1% 이상 기준으로 주주행동주의에 찬성한다고 가정. 자료=블룸버그·업계

현대백화점그룹 지배구조 (단위=%)

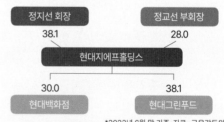

*2023년 6월 말 기준. 자료=금융감독원

정의선 회장의 주요 계열사 지분율 (단위=%)

현대글로비스 20.0
현대오토에버 7.33
현대차 2.65
현대위아 1.95
기아 1.76
이노션 2.0
현대모비스 0.32

30%도 안 된다.

오너 입장에서 가장 위협적인 곳은 2대 주주인 스위스 승강기 업체 쉰들러홀딩스로, 13.22%를 갖고 있다. 이 회사는 과거 현 회장의 든든한 우군이었으나 2003년 이후 소송전을 벌이면서 사이가 나빠졌다.

쉰들러 측은 현 회장이 과거 현대상선(HMM)을 지키려고 무리하게 파생상품 계약을 맺었다가 회사에 막대한 손실을 끼쳤다고 주장하며 소송전을 벌였다. 2023년 들어 대법원이 현 회장에게 현대엘리베이터에 1700억원을 배상하라고 판결했는데, 이것이 행동주의 펀드의 공격 빌미가 되고 있다.

KCGI자산운용은 지분 2%를 확보하고 '반(反)오너 진영'에 가세하기도 했다.

이 펀드는 과거 대한항공 경영권 분쟁에 개입해 큰 시세 차익을 거뒀던 KCGI가 메리츠자산운용을 인수해 새로 만든 행동주의 펀드다.

KCGI는 현 회장을 향해 파생상품 등 투자 실패와 실적 하락 등을 이유로 '회사에서 물러나 달라'는 편지(주주서한)까지 보냈다.

2022년 실적 악화도 오너가 수세에 몰린

이유다. 건설경기 악화와 철강 등 원자재 비용 증가로 2022년 2분기에 적자 116억 원을 찍었다.

쉰들러 지분은 2022년 말 기준 15.5%였는데, 2023년 들어 2%포인트가량 줄었다.

외국계 지분율은 줄었는데, 국내 KCGI가 들어왔으니 오너 입장에선 더 긴장할 만한 일이다.

그동안 국내에서 적대적 인수·합병(M&A) 매수자가 외국계인 경우 '국내 산업 보호'라는 방어기제가 작용해 뜻을 이루지 못하는 일이 많았다.

쉰들러 대신 KCGI가 나서면서 M&A가 아닌 주주행동주의라는 명분을 얻게 된 것이다.

오너 입장에서 위협적인 지분율은 1% 이상 기준으로 쉰들러(13.22%)와 KCGI(2%), 외국계 펀드인 오르비스(6.9%), 뱅가드(1.91%), 블랙록(1.11%) 등 25.14%다.

두 진영의 차이가 2.63%포인트다. 국민연금(5.73%)은 중립 지분으로 분류돼 있다.

다만 5%가 넘는 지분을 보유한 국민연금이 주주행동주의에 찬성할 가능성도 높다.

주총에서 국민연금이 '캐스팅보트'를 쥐게 되는 것이다. 심하게 말하면 하루아침에 주인이 바뀔 수도 있는 셈이다.

이 같은 분위기 속에서 이 회사 주가는 실적과 무관하게 보유 가치가 높아지면서 시장 평균 수익률을 압도하고 있다.

현대엘리베이 주가순자산비율(PBR)은 1.5배를 넘어섰다. 통상 1배 이하가 저평가 영역이다. 단기 고점 신호가 나와 투자에 주의할 필요가 있다는 뜻이다.

현대백화점 그룹주는 지배구조 개편 불확실성이 사라지며 회사 본연의 가치가 부각되고 있다.

현대백화점그룹은 형제 경영 체제다. 정주영 회장의 아들인 정몽근 현대백화점 그룹 명예회장의 두 아들 정지선 회장과 정교선 부회장이 이끈다.

두 형제는 각각 현대백화점을 중심으로 하는 축(유통)과 현대그린푸드 축(식품 등 비유통)을 사실상 나눠서 지배하고 있다. 핵심 지배구조는 '오너 형제→현대지에프홀딩스(지주사)→현대백화점, 현대그린푸드 등 자회사'다.

이 구조를 위해 지주사는 신주를 찍어 그 돈으로 사업 회사(현대백화점, 현대그린푸드) 주식을 공개 매수하는 방식을 택했다. 그 결과 현대지에프홀딩스는 현대백화점 지분 30%와 현대그린푸드 지분 38.1%를 확보했다.

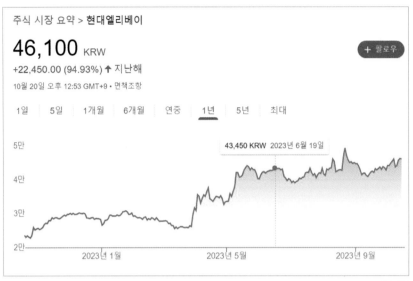

주식 시장 요약 > **현대엘리베이**

46,100 KRW

+22,450.00 (94.93%) ↑ 지난해

10월 20일 오후 12:53 GMT+9 · 면책조항

+ 팔로우

| 1일 | 5일 | 1개월 | 6개월 | 연중 | **1년** | 5년 | 최대 |

43,450 KRW 2023년 6월 19일

5만
4만
3만
2만

2023년 1월   2023년 5월   2023년 9월

자료: 구글

또 개편 과정에서 정지선 회장과 정교선 부회장은 각각 38.1%와 28%의 지주사 지분을 가져갔다.

원래는 형제가 각각의 지주사를 세워 지배구조를 깔끔하게 가져가려 했다.

당초 안은 현대백화점도 인적분할해 현대백화점홀딩스(지주사)와 현대백화점으로 나누려는 것이었다.

분할 과정에서 지주사 밑에 한무쇼핑(비상장)을 두려 했는데 이것이 패착이었다. 한무쇼핑은 현대백화점 무역센터점, 목동점, 킨텍스점은 물론 현대프리미엄아울렛 김포점 등 돈이 되는 점포는 다 갖고 있다. 알짜회사인 한무쇼핑을 지주사

아래 뒤서 배당 확대 등을 통해 오너만을 위한 회사가 될 것이란 우려감이 일반 주주들 사이에 퍼졌다.

소액주주들의 반대로 이 같은 분할안은 2023년 2월 주총에서 부결됐고 현대백화점은 그대로 남았다. 일반 주주들에겐 호재였다.

계획대로라면 현대백화점은 쪼개지고 오너들이 사업부문 지분을 매도하게 된다. '오버행'(대량 매도) 악재가 사라진 것이다.

이제 시장은 현대백화점의 실적에 주목하고 있다.

현대백화점 영업이익은 2023년 2분기

556억원을 기록했는데 하반기로 갈수록 힘을 낼 것이란 전망이 꾸준히 나온다. 에프앤가이드에 따르면 2023년 3분기와 4분기 추정 이익은 각각 971억원, 1177억원이다. 2022년 실적 기준 PBR이 0.34배에 불과해 저평가 기대감도 있다.

현대글로비스도 PBR을 1배 이하로 유지해 저평가 주식으로 불린다.

정의선 현대차그룹 회장은 글로비스 지분 20%를 들고 있는데, 보유한 국내 상장사 지분율 중 가장 높다.

현대차그룹은 여전히 순환출자 구조다. '현대모비스→현대차→기아→현대모비스'로 이어져 금융당국은 지주사 체제로 전환하라고 요구한다.

2018년에 시도가 있었다. 현대모비스가 AS·모듈 사업을 분할해 현대글로비스로 넘기고 이후 모비스와 글로비스가 주식을 교환하는 것이 그 안이다. 그러나 분할·합병 비율이 모비스에 불리하다는 얘기가 쏟아졌다.

지주사 전환 비용을 따졌을 때 오너 그룹의 지배구조 개편은 자신의 지분이 높은 회사 중심으로 이뤄진다.

교환 가치상 글로비스의 가치를 띄워 저렴한 모비스를 사서 지주사로 전환하는 것이 오너 입장에서 유리한 시나리오다. 외국계와 일반 주주의 반대로 이 시나리오는 무산됐지만 향후 개편안도 크게 다르지 않을 것으로 예상된다.

실제 최근 5년(2023년 9월 5일 기준) 주가를 보면 글로비스는 31% 올랐는데 모비스는 0.4% 하락했다.

인플레이션 지속과 해운 경기 악화 속에서도 글로비스의 영업이익은 최근 3개분기(2022년 4분기~2023년 2분기) 연속 4000억원대를 유지했다.

오너의 지분율이 높은 글로비스는 다른 회사 눈치를 볼 필요가 없다.

글로비스는 현대차와 기아가 국내에서 만든 차량을 해외로 실어 나른다. 이런 자동차운반선(PCTC)의 해상운임을 올려 수익성 개선에 나선다. 과감한 선박 투자도 지속하고 있어 차 판매만 호조를 보이면 실적 상승이 이어질 것이다.

100%가 넘던 부채비율은 2023년 6월 말 93.9%로 낮아졌다. 현대차그룹 일감을 꾸준히 챙기면서 재무구조도 개선되고 있는 셈이다.

2020년 3500원이었던 주당 배당금은 2022년 5700원으로 오른 데다 2023년에는 6041원까지 상승할 전망이다. 배당수익률은 2023년 8월 말 기준 3.23%이며 2022년 기준 배당성향(순이익 대비 총배당금)은 18%로 개선될 여지가 크다.

위험천만하지만 짜릿한 매력?
역공매도 기법은

증시에서 공매도는 '하이에나'다. 매출 성장이 꺾이거나 회계상 부실 같은 '악취'를 풍기면 득달같이 달려든다.

공매도는 주가가 떨어질 것을 예상해 주식을 다른 곳에서 빌려 미리 판 다음 나중에 되갚아 채우는 방식이다. 빌린 시점보다 주가가 하락하면 싼값에 채워 넣으니 차익만큼 돈을 벌지만, 반대의 경우 비싼 가격에 '울며 겨자 먹기'로 매수해야 한다.

하이에나가 썩은 고기를 먹어 치워 생태계 균형을 유지하듯 공매도 세력은 부실 기업을 청소한다. 이처럼 공매도는 '양날의 검'이다.

2023년 9월까지 증시에서는 개인투자자가 공매도를 중요한 투자지표로 활용했다. 10월 들어 이스라엘·하마스 전쟁 사태로 공매도 대상 주식들의 존재감이 사라지긴 했다.

개인의 공매도가 급증하는 종목을 골라 투자하는 '역(逆)공매도 투자법'이 한때 유행했다. 공매도가 늘어나면 나중에 기존 투자자가 어쩔 수 없이 비싼 가격에 주식을 사서 갚는 '숏스퀴즈'가 발생할 것으로 보고 역발상 투자를 한 것이다.

특히 2023년 3분기까지 집중적인 관심을 받았던 배터리와 반도체 주식에서도 공매도 현황은 중요한 지표로 활용됐다.

공매도가 급변동한 종목의 '질'을 반드시 따져봐야 한다. 단기 투자자들에게 휘둘리지 말아야 한다.

역공매도 투자를 시도할 땐 공매도뿐만 아니라 매출과 영업이익률 등 주식 투자의 고전적 지표를 함께 보고 판단하는 것이 중요하다.

이런 투자 대상으로는 주로 고위험·고

주요 상장사 대차거래 잔액 증감률

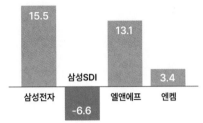

단위: %

삼성전자 15.5
삼성SDI -6.6
엘앤에프 13.1
엔켐 3.4

2023년 7월 한 달 기준

자료: 예탁결제원

주요 상장사 공매도 잔액 증감률

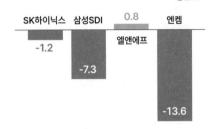

단위: %

SK하이닉스 -1.2
삼성SDI -7.3
엘앤에프 0.8
엔켐 -13.6

2023년 7월 한 달 기준

자료: 한국거래소

수익 주식들이 즐비하다. 주가가 단기 급등하거나 급락한 경우가 다반사다.

2023년 들어 공매도가 급증한 에코프로는 2023년 2분기 매출이 2조132억원으로 전년 동기보다 63.4% 올랐다. 공매도 투자자로선 '썩은 고기'인 줄만 알았는데 '신선한 고기'였던 것이다. 오판의 대가는 막대한 단기 손해다.

이처럼 하이에나가 속기 쉬운 회사는 외유내강형 기업이다.

문제는 2023년 3분기 들어 실적이 급락했다는 것이다. 주가가 단기 급등락을 반복해왔다. 이는 일반 투자자가 감당하기 어려운 '파도'다.

이처럼 역공매도 투자법은 일반 투자자 대신 '선수'의 영역이다.

에코프로의 경우 9월 이후 10월 11일까지 공매도 거래대금이 총 1조4043억원을 기록했다. 이 기간 코스피와 코스닥을 합쳐 공매도 매물이 가장 많이 나온 종목이 에코프로였다.

같은 기간 에코프로비엠도 1조1364억원 규모의 공매도 매물이 나왔다. 에코프로, 포스코홀딩스(1조2722억원)에 이어 전체 3위에 해당하는 금액이다.

2분기만 해도 정반대였다. 실적이 받쳐주니 주가가 급등해 최고의 인기 주식이었다.

당시엔 주가가 급등하자 손실을 견디지 못한 공매도 투자자들이 포지션 청산을 위해 시장에서 주식을 매수했고 이 과정에서 주가가 더 올랐다.

2023년 6월 말 166만주였던 에코프로의 공매도 잔액은 2023년 8월 말 66만주까지 급감했다.

문제는 숏커버링이 마무리되고 신규 공

주요 상장사 매출 증감률

단위: %

SK하이닉스 -29.5
삼성SDI 29.0
엘앤에프 36.7
엔켐 42.6

자료: 금융감독원

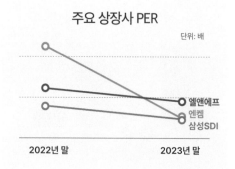

주요 상장사 PER

단위: 배

엘앤에프
엔켐
삼성SDI

2022년 말 / 2023년 말

자료: 블룸버그

매도 투자자가 대거 유입되면서 이 같은 폭탄을 감당하기 어려워진 것이다.

3분기 실적도 삐끗하면서 공매도 잔액이 재차 급증했다. 10월 11일 기준 에코프로의 공매도 잔액은 410만주로 다시 급증했다.

수급이 꼬이면서 에코프로 형제들의 주가도 단기 급락하는 아픔을 겪었다.

전반적인 투자 심리도 크게 위축되면서 경고등이 들어왔다. 역공매도 투자의 위험성을 그대로 대변한다.

리튬 가격 하락과 전기차 수요 부진으로 2차전지 업체들의 실적이 당분간 부진할 것이란 전망이 2023년 10월 들어 설득력을 얻었다.

코스닥 상장사 엔켐은 배터리 핵심 소재인 전해액을 생산한다. 에코프로와 포스코홀딩스 주가가 급등하는 동안에도 엔켐 주가는 제자리였다. 2023년 들어 세 차례나 전환사채(CB)를 찍은 것이 주된 이유다.

사채 성격을 띠는 CB는 향후 주식으로 전환될 때 주식 수가 늘어 주주 가치가 하락한다.

유상증자나 CB 모두 주주 가치 훼손으로 비판받는다. 이런 기업은 자본시장에서 '썩기 시작한 고기'로 보일 수 있다.

주주에게 돈을 빌려 투자한 사업이 잘되면 '레버리지 효과'(타인 자본으로 수익성을 제고)로 칭찬받는다.

이처럼 엔켐의 CB 발행은 역설적이다. 이 회사는 미국 조지아주에 공장이 있으며, 테네시주 등에 추가로 설비를 투자하기 위해 자금을 조달하고 있다.

2023년 7월에는 국내 비상장사 '티디엘'의 김유신 대표가 보유한 지분 55%를

198억원에 취득하기도 했다. 티디엘은 전해질 소재 기술을 갖고 있다.

시장에서는 이제 막 흑자 전환한 엔켐이 무리한 인수·합병(M&A)에 나선다고 비판의 각을 세우기도 했다.

엔켐은 2022년 순익 218억원을 올렸다. 티디엘은 감사보고서 기준(2021년)으로 적자 230억원을 기록했다.

모회사가 번 돈으로 자회사 적자를 다 메꾸지 못한다. 이러한 우려에도 엔켐의 공매도 잔액은 2023년 6~7월 감소하기도 했다.

7월 27일 기준 공매도 잔액은 427억원이었고, 엔켐 시가총액 대비 비중은 3.9%다. 시총 대비 공매도 잔액이 낮아야 투자 리스크가 낮다. 당시 배터리 업종 내 엘앤에프(5.6%)보다도 낮았다.

향후 엔켐의 실적이 개선될 것이란 기대감이 반영됐다. 자연스럽게 수익성도 높아질 것으로 전망됐다.

2022년 순익 기준으로 주가수익비율(PER)이 56.5배에 달했지만 2023년 예상 기준 19.3배로 낮아질 것으로 추정됐다. PER이 낮아진다는 것은 주가 상승보다 순익 증가 속도가 더 빨라진다는 의미다. 외국인 지분율이 한 자릿수(4.8%)로 낮은 것은 걸림돌이다. 아직까지 유증으로 돈을 빌리는 회사라는 이미지가 강한 것이다.

실력을 증명하면 외국인 지분율 증가는 자연스레 따라온다. 외국인 지분율만 보고 투자하는 것은 이미 고평가된 주식을 사는 것과 다름없다.

엘앤에프도 엔켐처럼 배터리 소재에 올인된 구조다. 특히 테슬라에 2024년부터 2년간 3조8000억원 규모 양극재를 공급해 주목받고 있다. 이 정도 양극재 물량은 테슬라가 연간 판매하는 전기자동차의 30%를 차지한다.

확실한 '물주'가 있다는 것은 꾸준한 매출 성장을 보장한다는 뜻이다. 매출 성장률이 2022년 분기 기준으로 30%를 넘기도 했다.

2023년 들어 주가 수익률이 다른 배터리 주보다 낮았던 것은 원재료 투입 시점과 관련이 깊다. 비싼 원료로 제품을 만들다 보니 분기 수익성이 낮았던 것이다. 이런 '미스매치'가 사라지면서 수익성도 올라갈 것으로 보인다.

2022년 말 34.2배였던 PER이 2023년 예상 실적 기준 28.2배로 낮아지는 것도 같은 이유에서다.

여러모로 섣불리 공매도를 치기 어려운 환경이다. 공매도 잔액 증가율은 2023년 7월 말 당시 0.8%에 그쳤다.

문제는 대차거래 잔액이다. 이는 공매도

의 대기자금 성격으로, 향후 공매도가 거세질 수 있다는 선행지표로 쓰인다.

2023년 7월 1~31일 한 달간 엘앤에프 대차거래 잔액은 510만주에서 577만주로 13.1% 증가했다. 에코프로는 같은 기간 대차거래 잔액이 20.7% 감소했다. 엔켐은 3.4% 늘었을 뿐이다.

대차거래 잔액으로 본 투자 리스크는 엘앤에프가 가장 높고 이어 엔켐, 에코프로 순이다.

다양한 공매도 관련 지표를 살펴봐야 종합적인 판단이 가능하다.

시총 상위 종목들도 공매도에 시달린다. 이를 극복하고 주가가 내달리려면 실적을 보는 눈과 주가 상승 추세를 간파하는 능력이 필요하다.

앞서 본 고위험·고수익 종목들과 달리 저위험·저수익을 추구하는 것이 SK하이닉스와 삼성SDI다.

D램 반도체에 올인돼 있는 SK하이닉스는 2023년 하반기로 갈수록 매출이 늘어나는 구조다. 2023년 2분기 7조3059억원 이후 7조원대 매출과 이익 반전을 예고했다. 반도체 시장 위축으로 생산량 조절(감산)까지 이뤄져 2022년에 비해선 마이너스 성장이다.

매출 증가는 머나먼 흑자 전환의 꿈을 앞당길 수 있다.

SK하이닉스는 2분기 2조8821억원의 영업손실을 냈다. 공매도 잔액 자체는 7월 27일 기준 4163억원으로 엘앤에프(4865억원)와 엇비슷하지만, 시총에 비해선 0.5%로 낮은 편이다. 특히 공매도 잔액이 꾸준히 감소하는 것은 반도체 업황 개선에 대한 기대감에서다.

2023년 들어 7월 말까지 외국인 순매수 상위 5곳 중 유일한 배터리 관련주는 삼성SDI이었다. 중소형 배터리를 모두 만드는 이 상장사는 낮아지는 공매도와 PER, 높아지는 매출과 외국인 지분율을 동시에 갖췄다.

삼성SDI는 '빵빵한 물주'인 독일(BMW·아우디)과 미국 고객사(리비안)에 배터리셀을 공급한다. 이들 회사의 고급 전기차 모델에 배터리셀을 납품한 덕분에 매출과 수익성이 모두 높아지고 있다.

2023년 3분기에는 6조원대 매출까지 넘봤다. 2022년 3분기보다 매출이 크게 늘어 이익 안정성이 높아질 것으로 보고 있다.

실적이 안정적이니 공매도 잔액은 감소할 수밖에 없다. 공매도 잔액은 6월 대비 7월까지 7.3% 줄어든 1758억원이다. 공매도 비중은 0.4%에 불과했다.

워런 버핏도 애지중지하는
에너지 주식은

전쟁·고유가·고금리 시대에 많은 사람이 고통받고 있지만 예외도 있다. 바로 미국 에너지 주식을 보유한 투자자들이다. 이들은 주가 상승으로 뒤에서 웃고 있다.

미국 월스트리트에서는 투자자들의 포트폴리오에 에너지 주식이나 상장지수펀드(ETF)를 담아 자산 가치를 방어하라는 목소리가 쏟아져 나온다.

원유 생산이 많은 중동 지역에서 전쟁이 계속되는 가운데 미국의 전략비축유(SPR·비상시 대비 원유 비축분)가 2020년 이후 3년 새 반 토막이 나버렸으니 고유가가 당분간 지속될 것이라는 전망이 우세하다. '큰손 투자자' 워런 버핏조차도 자산의 10%가 에너지주다. 애플 주가가 하락할 때 미국 정유주가 오른다는 믿음 덕분이다.

유가가 불안할 때, 전쟁 위기가 고조될 때, 물가가 비싸다는 말이 나올 때 등 위기의 순간에 에너지주가 방어한다. 이처럼 에너지주는 헤지(특정 주식 투자 위험을 줄이기 위해 다른 주식에 투자) 차원에서 유용하다. 또 원유나 천연가스 등 원자재 투자를 대신한다는 의미도 있다.

주목할 점은 이스라엘·하마스 전쟁 당시 에너지주와 빅테크 주가 사이에서 역(-)의 상관관계가 유달리 강했다는 것이다. 이 때문에 빅테크를 공매도(숏)할 바에야 에너지 주식을 사는 게 낫다는 얘기가 많이 나왔다.

일단 중동 지역에서 지속되는 국지전과 사우디아라비아 중심의 원유 감산(생산 감축)은 고유가로 이어지고 에너지주 몸값을 띄운다.

2023년 10월 5일(현지시간) 미국 중앙정

미국 에너지주 주주환원율

단위: %

코노코필립스	107.4
셰브론	79.5
EOG리소시스	76.7
엑손모빌	59.3
옥시덴털퍼트롤리엄	53.9

2022년 6월~ 2023년 6월 기준

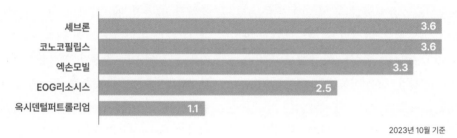

미국 에너지주 배당수익률

단위: %

셰브론	3.6
코노코필립스	3.6
엑손모빌	3.3
EOG리소시스	2.5
옥시덴털퍼트롤리엄	1.1

2023년 10월 기준

자료: 블룸버그

보국(CIA)은 하마스의 이스라엘 미사일 공격을 예측했다. 실제 공격은 이틀 후인 7일에 이뤄졌다. 이때부터 유가가 올랐고 CIA 예측은 사실이 됐다.

5일 미국 서부텍사스산원유(WTI)는 뉴욕상업거래소(NYMEX) 기준 배럴(드럼통)당 82.31달러였는데 13일에는 87.69달러까지 오르며 8일 만에 6.5% 뛰었다. 코로나19 사태 이후인 2020년 10월 말(35.79달러)과 비교하면 3년 가까운 기간

에 145%나 급등한 것이다.

바닥난 미국의 원유 재고도 유가 상승을 부추기는 요소다.

미국 에너지정보청(EIA) 기준 전략비축유는 2020년 11월 20일 기준 6억3820만 배럴이었다. 2023년 5월 15일에는 재고량이 3억6000만배럴까지 떨어져 40년 만에 최저 수준을 기록했다. 같은 해 9월 이후 4억배럴대로 올라섰지만 고점 대비해선 낮은 수준이다.

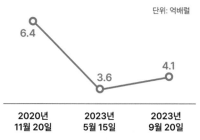

미국 전략비축유(SPR) 재고량

단위: 억배럴

6.4 — 2020년 11월 20일
3.6 — 2023년 5월 15일
4.1 — 2023년 9월 20일

자료: 미국에너지정보청, 블룸버그

XLE ETF 보유 상위 종목

종목	비율(%)
엑손모빌	21.95
셰브론	18.27
EOG리소스시스	4.86
코노코필립스	4.61
슐럼버거	4.46
마라톤퍼트롤리엄	4.27
파이어니어내추럴리소시스	4.11

2023년 10월 17일 기준

자료: 블룸버그

월가에선 '고유가→물가 상승→통화 긴축·고금리→기술주 투자 매력 감소'라는 시나리오를 반복하고 있다.

미국 증권거래위원회(SEC) 주식자산 1억달러 이상 기관투자자 보고 양식(13F)에 따르면 2022년 12월 23일 기준 버핏은 애플 주식을 42% 들고 있었다. 그 외에 뱅크오브아메리카(BoA·10%), 셰브론·코카콜라(8%), 아메리칸익스프레스(7%), 옥시덴털퍼트롤리엄(옥시덴털·4%) 등을 4% 이상 담고 있다.

포트폴리오 1·2등주인 애플과 BoA는 이 기간 주가가 각각 27.3%, 29.9%나 하락했다. 그러나 셰브론과 옥시덴털은 각각 8%, 100% 올랐다.

2022년 다른 '큰손'들의 빅테크 중심 포트폴리오 수익률이 박살 나는 동안 버핏

이 선방한 것이 에너지주의 필요성을 증명한다.

2023년 들어 버핏은 셰브론을 일부 매도하기도 했다. 그러나 여전히 에너지주는 버핏 포트폴리오의 또 다른 핵심 전략이다.

최근 13F로 보면 버핏은 셰브론(5.6%)과 옥시덴털(3.8%)을 보유해 그의 포트폴리오에서 에너지 비중이 9.4%다. 그가 좋아한다는 코카콜라(6.9%)보다 비중이 높다.

버핏처럼 거대 자산을 운용하면서도 빅테크(애플)에 집중적으로 투자하는 투자자 입장에서 에너지주는 '필요악'이다.

이스라엘·하마스 전쟁이 한창이었던 2023년 10월에는 유독 애플과 셰브론의 주가가 반대로 갔다. 애플 주가가 떨어지

면 셰브론이 오르는 날이 많았다.

이런 식으로 16거래일(9월 27일~10월 18일) 기준 애플과 셰브론의 일일 주가 변동이 서로 달랐던 날은 13거래일(81%)이다.

같은 기간 미국 에너지주 시가총액 1위 엑손모빌은 단 하루인 10월 10일에만 애플과 주가 흐름이 같았고, 나머지 거래일 동안엔 서로 달랐다. 일일 변동을 보는 입장에서 봤을 때 애플과 엑손모빌은 최근 거의 완벽한 헤지를 이뤘다.

빅테크가 하락해도 에너지주가 오르니 '마음 편한 포트폴리오'를 완성할 수 있는 셈이다.

버핏이 이런 엑손모빌을 놔두고 셰브론을 택한 이유는 주주환원율이 더 높고, 더 미국적인 회사여서다.

블룸버그 데이터를 보면 셰브론은 2023년 6월 말 기준 1년간 순익이 313억1700만달러(약 42조3000억원)다. 이 중 자사주 매입·소각(2022년 6월 말과 2023년 6월 말 평균 주가 적용)과 배당으로 249억700만달러를 주주에게 썼으니 주주환원율이 79.5%다. 엑손모빌은 주주환원율이 순익 대비 59.3%에 그쳤다.

셰브론의 사업구조는 업스트림(매출의 33.5%), 다운스트림(66.3%)으로 양분화돼 있다. 2023년 상반기 실적 기준이다.

업스트림은 원유나 천연가스 탐사와 개발, 수송과 운송, 저장 등을 말한다. 다운스트림은 원유를 석유제품으로 정제·판매하는 것으로 윤활유 첨가제나 산업용 플라스틱 등도 포함된다.

특히 미국 매출 비중이 전체의 50.5%를 차지한다.

미국 내 안정적 석유 소비를 바탕으로 하는 셰브론은 버핏뿐만 아니라 많은 '큰손'의 선호 대상이다. 주주 구성은 셰브론 유통주식 수(2023년 10월 17일 기준) 중 뱅가드가 8.7%, 블랙록이 6.7%, 버크셔해서웨이(워런 버핏)가 6.6%로 구성된다.

엑손모빌의 주주 구성은 뱅가드(9.8%), 블랙록(6.9%), 스테이트스트리트(5.2%) 등이 1~3위다.

엑손모빌과 셰브론은 단짝이면서 경쟁자다. 둘은 원래 뿌리가 하나다.

두 회사는 '석유왕' 존 록펠러의 후계자를 자처하는데 유가가 곤두박질칠 때마다 하나로 뭉치자(합병)는 얘기가 곧잘 나온다.

록펠러 석유제국이 엑손모빌, 셰브론 등으로 쪼개진 이후 초기엔 셰브론이 공격적 M&A를 해왔는데 2023년 들어 엑손모빌이 그 바통을 이어받고 있다.

2023년 10월 엑손모빌은 미국 3대 셰일

오일 시추 업체 '파이어니어내추럴리소시스'(파이어니어)를 600억달러(약 81조 2400억원)에 사들였다. 국내 에쓰오일(시총 8조원)을 10개는 살 수 있는 돈이다.

그만큼 셰일오일 회사의 인기가 높다. 셰일오일에 대한 상업화는 애플의 아이폰 출시에 곧잘 비유된다.

검은색 퇴적암인 '셰일'은 미국 내에 가장 많이 퍼져 있고, 여기서 기름과 가스를 추출하기 위해 첨단 센서나 로봇, 인공지능(AI)이 적용되고 있다. 화석연료의 고갈을 감안했을 때 셰일오일은 가장 확실한 대안이다.

엑손모빌은 떨어지는 매출 성장세를 높이기 위해 셰일오일 회사 파이어니어를 인수했다.

엑손모빌의 향후 5개년(2023~2027년) 매출 성장률 -2.03%(연평균복합성장률 적용)를 감안하면 고개가 끄덕여진다.

버핏이 셰일오일 회사 옥시덴털 지분을 2023년 들어 늘린 이유도 엑손모빌과 비슷하다.

엑손모빌의 사업은 셰브론보다 더 다양하다. 특히 석유화학 비중이 높은 편이다. 2023년 상반기 기준 엑손모빌 매출의 79%가 석유 제품(다운스트림)에서 나온다. 나머지 매출은 업스트림 8.3% 석유화학 6.9% 스페셜티 5.8% 등으로 구성된다. 여기서 스페셜티 사업은 범용 석유·석유화학 제품보다 이익률이 높은 고부가가치 소규모 제품을 뜻한다.

석유화학 제품 비중이 높은 것은 '양날의 검'이다. 유가가 뛰는 와중에는 원료(원유) 가격이 높아져 마진이 하락하기 때문이다.

지역별 비중은 미국이 38.1%, 미국 외 국가가 61.9%다. 셰브론보다는 더 국제적인 에너지 회사라고 할 수 있다.

환경오염의 주범으로 지목돼온 엑손모빌은 2027년까지 수소와 이산화탄소 포집 등 저탄소 사업에 170억달러(약 23조원)를 투자한다는 청사진을 내놨다. 결국 탄소를 많이 배출하는 기업이 탄소 저감과 신재생 사업으로 '일석이조'를 노리고 있는 것이다.

엑손모빌 주가는 2023년 10월 들어 반등했고 배당수익률은 3%대 초반으로 낮아졌다.

주가가 덜 오른 셰브론의 배당수익률은 3%대 중반 수준이었다.

미국 에너지 투자는 자산 헤지 차원에서나 석유·천연가스에 대한 간접 투자 성격으로 유망하다.

개별 종목 리스크를 좀 더 줄이려면 이 둘(엑손모빌, 셰브론)을 포함한 ETF를 매수하면 된다. 바로 '에너지 셀렉트 섹터 SPDR'(XLE)이다. 세계 최대 규모 에너지 ETF 'XLE'는 1998년 자산운용사 스테이트스트리트가 만들었다.

시총 기준으로 종목을 담다 보니 엑손모빌 비중이 21.95%(2023년 10월 17일 기준)로 가장 높다. 그 뒤로 셰브론(18.27%), EOG리소시스(4.86%), 코노코필립스(4.61%) 등 순이다.

EOG리소시스는 옥시덴털과 비슷한 셰일오일 회사다.

코노코필립스는 원유·천연가스 개발 위주의 업스트림 중심 회사다. 유가가 오를 때 업스트림 회사 주가가 더 오르는 경향이 있다. 이 회사가 2022년 이후 월가에서 주목받았던 이유는 압도적인 주주환원율이다. 최근 1년(2022년 6월~2023년 6월) 순익의 107.4%를 주주에게 배당이나 자사주 매입 소각 형식으로 돌려줬다.

국내에선 4대 정유사들이 대형 에너지주로 언급된다. SK이노베이션, S-OIL(에쓰오일), HD현대오일뱅크, GS칼텍스 등이다.

다만 SK이노베이션은 자회사 'SK온'을 통해 배터리 사업을 전개 중이어서 투자 측면에선 정유주인지, 배터리주인지 헷갈린다. 에쓰오일은 사우디 아람코가 대주주로 있어 화끈한 투자나 배당을 할 때도 있지만 2020년처럼 아예 배당을 주지 않을 때도 있어 투자 안정성이 떨어진다. 현대오일뱅크는 아직 비상장이며, GS칼텍스는 지주사 'GS'를 통해 상장돼 있어 진정한 고배당 에너지주로서의 매력이 상대적으로 떨어진다는 지적이 나온다.

03

부동산 투자 안개 걷힌다.
바닥부터 점검하라

2023년은 상저하고…
2024년은?

2023년 부동산 시장은 말 그대로 롤러코스터를 탔다.

2022년 말부터 높은 금리 영향으로 고꾸라진 부동산 시장은 2023년 1~2월에는 최악의 시기를 지났다. 매매 가격이 고점 대비 30~40%씩 떨어졌고, 전셋값도 급락했다.

하지만 5월 들어 상승 전환하더니 하반기에 들어서면서 분위기는 완전히 바뀐다. 주택 가격이 반등했고, 전셋값도 바닥을 찍었다. 강남권과 여의도, '마용성(마포·용산·성동)' 등 서울에서도 인기가 높은 지역은 신고가 거래가 늘어났다.

이제 관심사는 앞으로의 추이다. 본격적인 회복세가 시작됐다는 전망이 나오는 가운데 하락장에서 일시적으로 집값이 올랐다가 다시 떨어지는 '데드캣 바운스'라는 주장도 팽팽하다.

집값은 누구도 예상치 못한 변수가 좌우하는 경우가 많아 추이를 정확하게 예상하는 것은 불가능하다. 그러나 꼭 확인해야 하는 지표들은 존재한다. 이 같은 측면에서 수많은 부동산 관련 지표 중 어떤 게 허수이고, 어떤 게 진짜 확인해야 하는 지표인지 구분하는 것은 꼭 필요하다. 부동산 학계에선 일반적으로 △가격지수 △거래량 △주택 구매력 △미분양 △전세가율 등 5가지 지표를 가장 중요하게 여긴다. 이 5가지 지표가 어떤 상태인지 점검하면 내년 부동산 시장을 전망하는 데 상당한 도움을 준다.

실거래가지수는 반등세 뚜렷

부동산 시장이 얼마나 활황인지를 보여주는 실거래가지수는 서울 아파트를 중

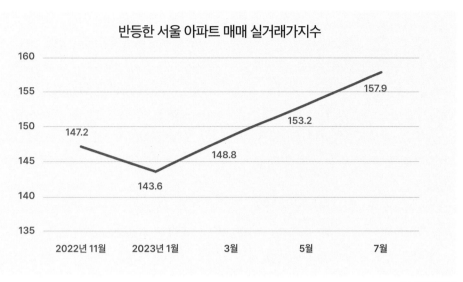

반등한 서울 아파트 매매 실거래가지수

147.2

143.6

148.8

153.2

157.9

160

155

150

145

140

135

2022년 11월　2023년 1월　3월　5월　7월

자료: 한국부동산원

심으로 급격히 회복 중이다. 한국부동산원에 따르면 2023년 1~7월 서울 아파트 실거래가지수는 11.17% 상승했고, 전국 아파트 실거래가지수는 4.41% 올랐다. 서울을 기준으로 2022년 하락폭(22%)의 절반을 되찾았다. 실거래가지수는 실제 거래된 아파트의 실거래 가격을 이전 거래가와 비교해 지수화한 지표다.

현재 실거래가지수 추이를 봤을 때 부동산 시장은 '급락 공포'에서는 일단 벗어난 모양새다. 실수요자를 중심으로 아파트 매수 수요가 몰리면서 완만한 형태의 가격 증가세가 이어지고 있다는 분석이다. 부동산R114가 2021년 하반기부터 2022

년 상반기(이하 전고점)까지와 2023년 들어 9월까지 같은 단지에서 동일 면적이 거래된 서울 아파트를 대상으로 최고가 거래를 분석한 결과에 따르면 서울 전고점 평균은 12억6695만원이었고, 2023년 최고가는 평균 11억1599만원이다. 전고점의 88% 수준을 회복한 셈이다.

글로벌 집값도 최근 반등세. 부동산도 일종의 자산인 만큼 세계적인 흐름은 국내에 많은 영향을 미친다.

당초 2024년까지 집값이 하락할 것으로 예측했던 글로벌 전문기관들은 집값 예측치를 긴급 수정하고 있다. 골드만삭스는 2023년 미국 집값 상승률을 2.2% 하락에서 1.8% 상승으로 긴급 수정했다. 호주도 코어로직이 당초 2023년 10% 하락에서 4% 상승으로 전망치를 수정했다. 골드만삭스는 '예상치 못한' 세계적 집값 반등세의 이유로 금리 인상 정점론, 주택 공급 부족, 팬데믹 기간의 초과 저축, 이민 증가로 인한 주택 수요 회복 등을 꼽고 있다.

그러나 문제는 있다. 집값이 회복된 것은 확실한데 상승폭이 점차 작아지고 있다는 것이다. 한국부동산원에 따르면 2023년 5월 넷째 주(22일)에 0.03% 올라 상승 전환했던 서울 집값은 이후 꾸준히 오르며 8월 셋째 주까지 상승폭이 커졌다. 하지만 8월 넷째 주에 상승폭이 작아지더니 9월 들어서는 첫째 주(0.11%)→둘째 주(0.13%)→셋째 주(0.12%)→넷째 주(0.1%) 등으로 0.1%대 초반에서 상승률이 횡보 중이다.

서울 아파트 거래도 회복

서울 아파트 거래량도 2023년 초와 비교해선 분위기가 좋다. 2022년까지만 해도 서울 아파트 거래는 극심한 부진에 빠졌다. 12월 한 달간 거래량은 835건으로 1000건에 한참 못 미쳤다.

하지만 2023년 들어 상황이 180도 달라졌다. 1월 거래량이 1411건으로 늘더니 2월(2451건)에는 2배가량 치솟았다. 이후 4월부터 8월까지 5개월 연속 3000건을 넘고 있다.

서울 아파트의 2006~2022년 월평균 거래량은 6040건이었다. 하지만 시장 급등기인 2019년(6257건)과 2020년(6748건) 데이터가 포함된 만큼 일반적인 거래량은 한 달 평균 4000~5000건으로 보는 것이 정확하다.

그렇다면 서울에서 아파트가 한 달에 평균 3000건 안팎 거래되는 현재 시장은 어떤 상태인 것으로 해석해야 할까. 전문가들은 심각했던 거래절벽이 풀리고 시장이 정상화되는 과정의 중간 단계에 있는 것으로 봐야 한다고 말한다. 매도자와 매수자가 팽팽한 균형을 이루는 상태에서 급매물이 소진되는 상황으로 판단해야 한다는 것이다. 월 거래량이 5000건 이상으로 올라와야 비로소 매도자 우위 시장으로 돌아서는 경우가 많다는 분석이다.

그런데 서울 아파트 매매 건수는 좀처럼 4000건을 돌파하지 못하는 모습이다. 4월 들어 3186건을 기록해 3000건대에 올라선 이후 5월 3426건, 6월 3849건으로 늘었다. 7월에 3591건으로 주춤하긴 했지만, 8월에는 3837건으로 소폭 회복했다.

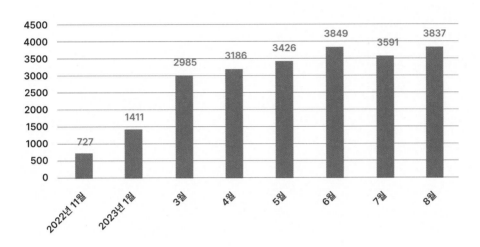

회복한 서울 아파트 거래량

구간	거래량
2022년 11월	727
2023년 1월	1411
3월	2985
4월	3186
5월	3426
6월	3849
7월	3591
8월	3837

자료: 서울부동산정보광장

대출 부담 줄어 주택 구매력 높아져

부동산 수요자의 '주택 구매력'이 높아진 것도 눈여겨볼 만한 요인이다. PIR(가구 소득 대비 주택 가격 비율), HAI(주택구 입능력지수) 모두 긍정적인 신호를 나타 낸다.

PIR은 주택 가격을 가구 소득으로 나눈 값이다. 중위소득(3분위) 가구가 서울에 서 중간 가격대(3분위) 집을 사기 위해 필요한 기간을 나타낸 값이다. 예를 들어 PIR이 12라면, 중위소득을 받는 근로자 가 월급을 한 푼도 쓰지 않고 12년을 모 아야 서울에서 중간 가격대의 아파트를

살 수 있다는 뜻이다. PIR 수치가 낮을수 록 주택 실수요자의 주택 구매 여력이 큰 것으로 해석된다.

KB부동산 통계에 따르면 2023년 2분기 서울 PIR은 10.5로 조사됐다. 2022년 1분 기 14.4였던 것을 감안하면 많이 떨어졌 다. 2분기 기준 전국 PIR도 4.8로 2022년 1분기(7.3)보다 2.5포인트 감소했다.

HAI는 중위소득 가구가 금융회사에서 대출을 받아 주택을 구입할 때 현재 소득 으로 대출 원리금 상환에 필요한 금액을 부담할 수 있는 능력을 가리킨다. 기준은 100이다. HAI가 100보다 클수록 중간소

떨어지는 서울 소득 대비 주택 가격 비율(PIR)

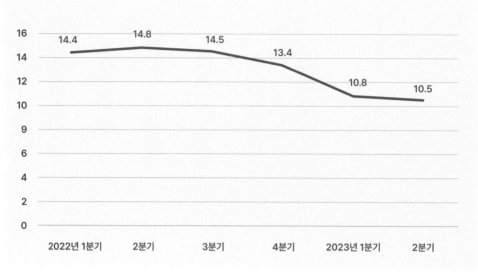

자료: KB부동산

득 가구가 주택을 무리 없이 구입할 수 있다는 뜻이다.

2023년 3월 기준 전국 아파트 HAI는 107.3이었다. 2022년 9월 78까지 빠졌다가 2023년 들어 1월 102.5, 2월 104.4 등으로 다시 100 위로 올라섰다.

한국주택금융공사가 발표하는 서울의 주택구입부담지수(K-HAI)도 사상 최고를 기록했던 2022년 3분기(214.6) 이후 3분기 연속 내림세다. 2023년 2분기 165.2로 1분기(175.5) 대비 10.3포인트 하락했다. 물론 주택 구입에 대한 부담이 완전히 해

소된 것은 아니다. 일반적으로 K-HAI가 140 안팎까지 내려와야 안정적인 것으로 해석한다.

미분양·전세 가격도 불안한 신호는 멈춰

집값에 중요한 영향을 미치는 요인으로 주택 공급을 빼놓을 수 없다. 특히 미분양은 핵심 데이터다. 주택 미분양이 급증하면 건설사들이 자금 확보를 위해 할인 판매 등을 실시해 주변 아파트 시세를 끌어내린다.

2022년부터 2023년 초까지 급증하던 전

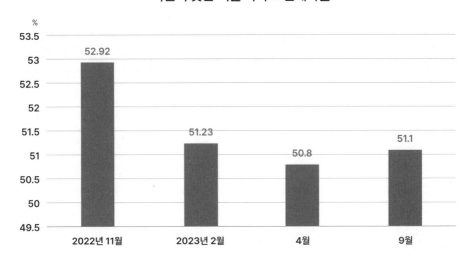

여전히 낮은 서울 아파트 전세가율

(%)

- 2022년 11월: 52.92
- 2023년 2월: 51.23
- 4월: 50.8
- 9월: 51.1

자료: KB부동산

국 미분양은 일단 상승 추세가 멈췄다. 4월 7만1365가구까지 뛰었던 전국 미분양 주택은 분위기가 꺾인 뒤 8월 기준 6만1811가구까지 줄어들었다.

하지만 미분양 데이터를 자세히 뜯어보면 앞의 3가지 지표와 달리 뭔가 불안한 모습이다. 우선 공사가 끝난 뒤에도 분양되지 못해 악성 미분양으로 분류되는 '준공 후 미분양'이 조금씩이지만 계속 늘어나는 모습이다. 8월 기준 전국 준공 후 미분양은 9392가구로 전월보다 오히려 3.9% 증가했다. 2021년 5월 이후 가장 높은 수준이다. 전체 미분양도 상승 분위기

가 꺾였다는 것이지 국토교통부가 제시하는 '위험선'인 6만가구 아래로는 내려가지 못하고 있다.

미분양 주택 증가는 부동산프로젝트파이낸싱(PF) 대출 부실로도 이어질 수 있다. 2010년대 초반 부동산PF 부실이 터지면서 전국적으로 부동산 가격을 끌어내렸던 상황 등을 유의해야 한다. 2022년 12월 말 기준 부동산PF 대출의 연체율과 고정이하여신비율은 각각 1.19%, 1.25%로 2021년 이후 계속 상승 중이다. 특히 증권사의 부동산PF 연체율은 이미 2022년 말 10.4%로 2021년 말(3.71%)보다

6.69%포인트 급증했다. 일부 증권사 연체율은 20%에 육박한 것으로 알려진다. 미분양과 함께 주택 시장의 완벽한 회복 여부를 가늠해볼 수 있는 지표가 전세 시장이다. 2022년 말부터 2023년 초에 나타난 집값 하락은 전세 가격 급락을 동반한 점이 특징이었다.

KB부동산에 따르면 2023년 9월 기준 서울 아파트 전세가율은 51.1%다. 50% 선이 위협받던 4월보다는 낮지만 상황이 완벽하게 좋아졌다고 보긴 어렵다. 부동산 업계에선 서울 전세가율이 50%를 하회하면 매매가가 버티기 어렵다고 판단한다.

서울 반등 약발 다했나

지금까지 지표를 분석한 결과를 보면 서울 부동산 시장이 바닥을 찍은 것은 분명해 보인다. 하지만 최근엔 소강상태에 접어든 것도 사실이다. 거래량도 3000건대 후반에서 뚜렷한 변화가 없는 데다 집값 상승률도 점차 둔화하고 있다. 서울 집값이 이미 전고점의 80~90%를 회복해 실수요자들의 부담이 커진 데다 최근 금리까지 다시 오르고 있기 때문이다.

실제로 금리 리스크는 여전하다. 미국 연방준비제도는 향후 물가가 오르면 추가로 금리를 올릴 것이라는 신호를 지속적으로 보내고 있다. 2020년 이전의 초저금리로 되돌아가기는 어렵다는 얘기다.

일각에서 거론되는 '부동산 대출이 뇌관이 된' 금융위기의 가능성도 문제다. 미국의 경우 상업용 부동산 부실로 인한 금융사 연쇄 파산 가능성이 거론되고 있다. 미국의 2023년 1분기 오피스 공실률이 12.9%로 치솟으면서 오피스 대출이 많은 중소은행 위기설이 나돌고 있다. 미국은 코로나19 이후 재택근무가 정착되면서 오피스 공실률이 높아졌다.

특례보금자리론 등 2023년 초 시장을 밀어 올렸던 정책 동력도 소진됐단 분석이다. 총선을 앞두고 시장을 자극할 만한 정책을 내지 않을 것이란 점을 고려하면 정책을 통해 부동산 시장이 살아나는 것은 사실상 어렵다. 결국 금리가 확실히 떨어지거나 획기적인 새 정책이 나오지 않는 한 서울 부동산 시장은 당분간 '게걸음'을 이어갈 것이란 의견이 많다.

어느 때보다
선거 결과가 중요하다

부동산 시장을 전망할 때 정책은 상당히 중요한 변수다. 하지만 2024년에는 극단적으로 이 중요성이 올라갈 것으로 전망된다. 심지어 국회의원 총선 결과가 부동산 시장의 향방에 엄청난 영향을 줄 것이라는 전망도 나온다.

이유는 분양 아파트 실거주 의무 폐지와 재건축초과이익환수제 완화 등 부동산 정책들이 국회 입법 지연으로 1년 가까이 표류하고 있기 때문이다. 이 때문에 청약을 준비 중인 무주택자나 재건축을 추진하던 조합은 물론, 지방자치단체들도 행정 집행을 하지 못해 혼란스러워하고 있다. 이 정책들이 대부분 부동산 시장에 미치는 파급효과가 꽤 큰 만큼 총선 결과가 어떻게 나올지, 그 결과가 표류 중인 부동산 정책엔 어떤 영향을 줄지 등을 면밀히 확인할 필요가 있다.

재건축 저승사자 '초과이익환수제'

재건축초과이익환수제는 재건축 사업으로 조합원 1인당 평균 개발 이익이 3000만원을 넘으면 초과 이익의 10~50%를 국가가 현금으로 환수하는 제도다. 주택 가격 급등과 강남 부동산 투기를 막기 위해 2006년에 도입됐다. 안전진단 기준 완화, 민간 분양가상한제와 함께 '재건축 3대 대못'으로 꼽혔는데 앞의 두 제도는 규제가 많이 완화된 반면, 재건축초과이익환수제는 아직도 남아 있다.

실제로 많은 재건축 조합들은 초과이익환수제 완화를 손꼽아 기다리고 있다. 공사비 인상이 갖고 온 추가 분담금도 부담스러운데, 재건축초과이익환수제 부과금까지 더해진 상황이라 그렇다. 현재 기준으로 전국 84개 단지에 예정 부담금이 통보됐는데, 일부 단지가 납부할 부담금

재건축 초과이익 환수에 관한 법률 비교

구분	부과면제	부과율	최고부과율 50% 적용 대상	보유기간별 감면	납부 유예
현행	조합원 1인 평균 이익 3000만원 이하	3000만원 이후 2000만원 간격으로 상승	조합원 평균 이익 1억 1000만원 초과	해당 없음	없음
개정안	조합원 1인 평균 이익 1억원 이하	1억원 이후 7000만원 간격으로 상승	조합원 평균 이익 3억8000만원 초과	6년부터 1년 단위로 10%씩 감면해 최장 10년 이상부터는 50% 감면	1가구 1주택이거나 만 60세 이상이면 담보 제공 조건으로 가능. 단 매매, 증여, 상속, 다주택 등 사유 발생 시 납부

은 사업비와 맞먹는 수준이다. 이촌동 한강맨션의 경우 부담금이 가구당 약 7억 7000만원으로 추산돼 충격을 던졌다.

이렇게 과도한 제재라는 반발이 심해지자 정부도 재건축초과이익환수제 관련 주택법 개정안을 2022년 9월 발의했다. 핵심은 △재건축 부담금 면제 이익의 기준을 기존 3000만원에서 1억원으로 올리고 △1가구 1주택자의 부담금은 최대 50% 깎아주고 △60세 이상은 주택을 처분할 때까지 납부를 유예한다는 내용이다. 부과 개시 시점도 추진위원회 승인일에서 조합설립인가일로 조정한다는 내용이 담겼다. 산정 기간이 짧아지면 초과이익이 줄어드는 구조이기 때문이다.

법안 심사 권한이 있는 국회 국토교통위원회에서는 여야 모두 법 개정 필요성에 대해 대체로 동의한 상황이다. 다만 부과 기준과 구간을 어떻게 조정할지와 부과 대상 등 세부적인 사안에 대해서는 의견 차이가 커 1년 이상 법 처리를 하지 못하고 있다.

지자체도 법 개정 가능성 때문에 재건축 초과이익환수제 부과를 연기하고 있다. 정비 업계는 정부의 의지와 지자체의 반응을 고려해 개정안 통과를 긍정적으로 전망했으나 21대 국회 회기 종료가 가까워져 오자 거의 포기하는 분위기다. 2024년 국회 총선 결과에 따라 구체적인 개정 방향이 나올 가능성이 높다는 뜻이다.

다주택자 운신 폭 줄이는 '취득세 중과'

2020년에 도입된 현행 취득세 중과제도는 최고세율이 12%에 달한다. 1주택자(비조정대상지역은 2주택까지)에 대해서는 일반세율 1~3%를 적용하지만, 2채 이상을 보유하면 8%(조정대상지역 2주택, 비조정대상지역 3주택)~12%(조정대상지역 3주택 이상, 비조정대상지역 4주택 이상)의 중과세율을 부과한다.

이 같은 세금 체계는 과도하다는 지적이 꾸준히 제기됐고, 정부는 2022년 12월 다주택자에 대한 취득세 중과를 완화하겠다고 발표했다. 조정대상지역 여부에 관계없이 2주택까지는 중과를 폐지하고 3주택 이상에 대해서는 현행 중과세율의 50% 수준으로 낮추겠다는 계획이다. 또 취득세 개편이 법률 개정 사항인 점을 고려해 정부안 발표 시점(2022년 12월 21일) 이후 이뤄진 거래에 대해선 취득세 중과 완화를 소급 적용하겠단 방침도 제시했다. 다주택자를 부동산 시장으로 끌어들이는 데 중요한 법안이기 때문에 처리 과정에 관심이 모였다.

하지만 취득세 중과 완화 정부안 역시 1

취득세 다주택자 중과 완화 추신

단위: %, 세율

구분		조정대상지역	비조정대상지역
현행	1주택	1~3	1~3
	2주택	8	1~3
	3주택	12	8
	4주택 이상·법인	12	12
정부 발표	1주택	1~3	1~3
	2주택	8→1~3	1~3
	3주택	12→6	8→4
	4주택 이상·법인	12→6	12→6

년째 국회 문턱을 넘지 못하고 있다. 야당인 더불어민주당이 강하게 반발하고 있기 때문이다.

민주당은 3주택 이상의 다주택자에 대해 세제를 완화해주는 것이 불합리하다고 본다. 2주택자에 대해선 큰 틀에서 세제 완화가 필요하단 분위기지만 1주택자와 똑같이 기본세율을 적용하는 것에 대해선 의견을 달리한다. 2주택자는 2~4%로 차등을 둬야 한다는 것이다.

상황이 이렇게 되자 여당인 국민의힘 안에서도 다양한 의견이 제시되고 있다. 정부안 취지에는 동의하면서도 일각에서는 3주택 이상 다주택자에 대해서는 정부안인 6%보다 다소 상향한 선에서 조정하자는 의견도 나온다.

현재 부동산 시장 상황은 취득세 중과 완화에 추진 동력을 얻기 어려운 쪽으로 흘러가고 있다. 정부안이 나온 2022년 12월은 주택 시장이 거래절벽을 겪으며 급속히 냉각되던 시기로, 당시에는 수요 측 요인인 취득세를 풀어야 한다는 주장이 힘을 얻었다. 하지만 2023년 현재는 부동산 시장의 반등세가 확인됐고 앞으로의 추이가 어떨지가 더 관심사다.

이에 따라 국회 심의 과정에서 정부안보다 다소 후퇴한 취득세 중과 완화책이 도출되거나, 또는 여야가 합의하는 데 실패하면 아예 2024년 총선 이후로 추진이 미뤄질 것이란 관측이 제기된다.

전매제한은 풀렸는데 실거주 의무 완화는 언제?

실거주 의무 폐지는 분양 시장 침체를 막기 위해 정부가 2023년 초 내놓은 주요 규제 완화책 중 하나다. 분양가상한제 적용 지역 주택에 부과되는 2~5년의 실거주 의무를 폐지하는 내용이다. 실거주 의무는 2021년 2월 이후 분양가상한제를 적용한 단지에 부여됐다. 그런데 이 법안이 국회를 통과하지 못하면서 부동산 시장에 엄청난 혼란을 주고 있다.

그 이유는 실거주 의무와 패키지인 분양권 전매제한이 이미 해제돼서다. 정부는 시행령을 개정해 분양권 전매제한을 4월부터 해제했다. 수도권 기준 최대 10년이던 분양권 전매제한 기간을 공공택지·규제 지역과 분양가상한제 적용 지역 3년, 과밀억제권역 1년, 그 외 지역 6개월로 완화했다. 결국 실거주 의무를 폐지한다는 정부 발표를 믿고 분양을 받은 사람들은 발을 동동 구를 수밖에 없는 셈이다. 전매제한 해제로 입주 전에도 아파트를 팔 수 있게 됐지만, 실거주 의무 기간을 채우지 않으면 법을 위반한 것으로 간주돼 불이익을 받을 수 있다. 현행법에는 실거주 의무를 위반할 경우 해당 주택은 한국토지주택공사(LH)가 매입하며 수분양자는 1년 이하 징역 또는 1000만원 이하 벌금에 처한다고 명시돼 있다.

실거주 의무 폐지를 위해서는 주택법 개정이 필요하다. 지금까지 3번이나 국토위 법안소위에서 실거주 의무 폐지를 담은 주택법 개정안이 논의 대상에 올랐지만 여당과 야당 간 의견 차이를 좁히지 못했다. 더불어민주당은 갭투기를 자극할까 우려해 이 법의 폐지를 반대한다.

이 같은 상황 탓에 2023년 2분기 이후 빠르게 증가하던 서울 아파트 분양권·입주권 거래량은 다시 뚝 떨어졌다. 실거주 의무 폐지가 불투명해지면서 분양권 매도 희망자와 수요자 모두 국회의 주택법 개정 추이를 지켜보며 '눈치 싸움'에 들어갔다는 분석이 나온다.

실제로 서울부동산정보광장 자료에 따르면 2023년 9월 서울 아파트 분양권·입주권 거래량은 18건(10월 17일 기준)에 불과하다. 업계에서는 신고 기간이 아직 남아 있다는 점을 고려해도 8월(52건)에 못 미칠 가능성이 큰 것으로 예상한다.

2023년 들어 분양권·입주권 거래량은 1월 20건, 2월 12건, 3월 27건 등 바닥권을 맴돌다가 4월 56건으로 본격 회복세를 보이기 시작했다. 이후 5월 82건, 6월 87건까지 증가했다. 그러나 7월 76건으로 줄어들더니 8~9월에는 더 떨어졌다.

장기 등록임대 부활·1기 신도시 특별법도 하세월

민간 등록임대주택은 전월세를 목적으로 민간 임대사업자가 신고한 주택이다. 비제도권에 있던 민간 임대주택을 제도권에 포함해 세입자 보호와 주택 공급 기능을 동시에 만족시키겠다는 취지로 2017년에 도입됐다. 당시 정부가 '임대주택등록 활성화 방안'을 발표하며 임대인(집주인)에게 취득세·지방세 완화 인센티브를 제공하기도 했다.

그러나 2020년 문재인 정부가 주택 시장을 과열시키는 부작용이 있다며 단기 건설·매입임대를 아예 폐지하고 장기 매입임대도 비아파트에 대해서만 허용하기로 하면서 공급이 크게 위축됐다. 당시 정부는 등록임대 축소로 아파트 매물 유도 효과가 있을 것이라고 했지만, 시장 왜곡만 불러일으켰다는 게 부동산 업계의 주장이다. 집주인이 매물을 내놓기는커녕 '매물 잠김' 현상만 가중됐고, 단기 매입임대가 폐지돼 다주택자의 투자 수요가 크게 떨어지면서 건설사의 미분양 대응 능력이 함께 내려갔다는 것이다.

주택 공급이 크게 줄어들자 정부는 2022년 말 '2023 경제정책방향'에서 전용면적 85m^2 이하 아파트에 대한 장기 매입임대 제도 부활을 예고했다. 그러나 관련 법은 여전히 국회에 계류돼 있다.

상황이 이렇게 되면서 등록임대주택 물량은 갈수록 줄어들고 있다. 국토교통부에 따르면 새로 신고한 등록임대주택 물량은 2018년 35만가구에서 꾸준히 감소해 2020년 28만가구, 2021년 19만가구에 이어 2022년 13만가구에 그쳤다. 2023년에도 크게 줄어 부동산 업계에선 10만가구를 밑돌 것으로 전망하고 있다. 재고 물량 역시 매년 크게 줄어 2018년 212만가구에서 2020년 153만가구, 2021년 152만가구에 이어 2022년에는 144만가구로 감소했다.

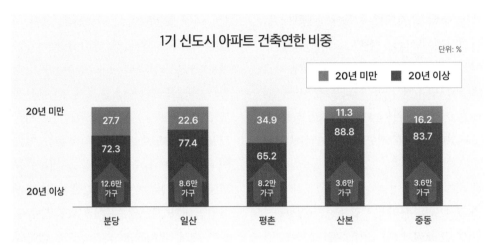

1기 신도시 아파트 건축연한 비중

단위: %

| | 20년 미만 | 20년 이상 |

	분당	일산	평촌	산본	중동
20년 미만	27.7	22.6	34.9	11.3	16.2
20년 이상	72.3	77.4	65.2	88.8	83.7
	12.6만 가구	8.6만 가구	8.2만 가구	3.6만 가구	3.6만 가구

자료: 국토연구원

노후계획도시 특별정비구역 인센티브

❶ 용적률 최대 500%
기존 2종 일반주거지역이 3종, 준주거지역 상향 시
용적률 각각 300%, 500%로

❷ 공공성 확보 시 재건축 안전진단 면제

❸ 리모델링 가구 수 확대
현 15%에서 최대 20% 안팎 증축 허용

❹ 인허가 통합심의로 사업 절차 단축

2023년 초 부동산 업계의 '뜨거운 감자'였던 1기 신도시 정비를 위한 특별법(노후계획도시특별법)도 논의가 지지부진하다. 특별법은 낡은 신도시(택지지구)에 대해 재건축 등 재정비를 쉽게 할 수 있는 환경을 만들어 주겠다는 것이 핵심이다. 이를 위해 신도시를 여러 블록으로 나눠 '특별정비구역'으로 지정한 후 용적률 등 각종 건축 규제를 완화하고, 이주대책 등을 정부 차원에서 지원하겠다는 것이다. 우선 특별정비구역으로 지정되면 재건축 안전진단 요건이 완화되거나 면제된다. 다만 면제는 아파트 땅을 내주고, 대규모로 기반시설을 늘리는 경우 등 공공성을 인정받을 때로만 제한된다.

하지만 국회에서 제대로 통과가 되지 않으면서 분당·일산 등에서 재건축이나 리모델링을 추진 중인 단지들은 이러지도 저러지도 못하고 있다.

내 집 마련하기 가장 좋은 기회···
서울·수도권 유망 분양단지

2024년 전국에서 분양될 예정인 민간 아파트는 약 21만~22만가구일 것으로 보인다. 2014년 20만5327가구 이후 가장 적을 가능성이 높다는 뜻이다.

2023년 민영 아파트 분양은 계획 물량 중 일부만 실제 분양으로 이어졌다. 나머지는 모두 2024년으로 넘어갔다. 그럼에도 불구하고 분양 물량은 생각보다 많지 않을 전망이다. 원자재 값과 인건비가 급등하면서 공사비 분쟁이 곳곳에서 생긴 데다 경제 상황이 불안한 모습을 보이며 분양 일정이 계속 늘어지고 있기 때문이다.

분양 단지의 '양'은 많지 않지만 '질'은 만만치 않을 전망이다. 일정이 밀린 단지들이 반포·청담·방배 등 서울 강남 핵심지에 위치하기 때문이다. 연초까지만 해도 강남권에서 2023년으로 분양 일정

을 잡은 아파트는 9곳이었다. 하지만 청담동 청담르엘과 방배동 래미안원페를라·아크로리츠카운티는 2024년으로 일정이 밀렸고, 힐스테이트e편한세상 문정(문정동 136 재건축)을 제외한 나머지 4개 단지도 2024년으로 넘어갈 가능성이 높은 상태라 강남권에서 분양 물량이 대거 나올 것으로 보인다. 이 밖에 노량진 뉴타운과 한남뉴타운 등 비강남권에서도 굵직한 단지가 잇달아 나온다.

청담동에서는 청담삼익 재건축을 통해 공급되는 '청담르엘' 일반분양이 진행될 예정이다. 1980년 준공된 이 단지는 재건축 사업을 통해 최고 35층·1261가구 규모로 탈바꿈한다. 롯데건설이 시공을 맡았고, 전체 물량 가운데 176가구가 일반분양이다. 이 아파트는 강남의 대표적 부촌인 청담동에서도 한강 조망이 가능한

2024 서울 분양 예상 주요 단지

단지	가구 수 (일반분양)	시공사
청담동 청담르엘	1261(176)	롯데건설
반포동 래미안트리니원	2091(537)	삼성물산
반포동 래미안원펜타스	641(263)	삼성물산
잠원동 신반포메이플자이	3307(236)	GS건설
방배동 래미안원페를라	1097(497)	삼성물산
방배동 디에이치방배	3080(1686)	현대건설
잠실 래미안아이파크	2678(578)	삼성물산 HDC현대산업개발
노량진2구역	421(200)	SK에코플랜트
노량진6구역	1499(467)	GS건설 SK에코플랜트
노량진8구역	987(389)	DL이앤씨
한남3구역	5816(831)	현대건설

단지다. 지하철 청담역이 걸어서 7~8분 거리에 있고, 삼성동·압구정동 등과도 가까워 실수요자들 관심이 크다.

이 아파트의 가장 큰 특징은 한강변과 맞닿아 있다는 점이다. 단지 배치도를 살펴보면 소형 평수는 영동대로 라인으로, 대형 평수는 한강변으로 구성됐다. 청담동에서 한강 조망이 가능한 아파트가 공급되는 건 2014년 준공된 '청담래미안로이뷰' 이후 처음이다.

방배동에서도 대규모 단지가 분양을 앞두고 있다. 방배6구역이 '래미안 원페를라'라는 이름으로 분양될 예정이다. 총 1097가구 가운데 497가구가 일반분양 물량으로 배정됐다.

방배6구역 남측에 위치한 방배5구역(디에이치방배) 역시 2024년 일반분양을 진행한다는 계획이다. 착공 시기가 크게 차이 나지 않았던 만큼 방배6구역보다 조금 후에 나올 것으로 보인다. 전체 물량 3080가구로 방배동 일대 재건축 사업장 가운데 가장 규모가 큰 이 단지는 일반분양 물량만 1686가구에 달한다.

5구역은 규모뿐 아니라 입지도 우수하

다. 이수역(4·7호선)과 내방역(7호선) 사이에 위치하고, 2호선 방배역도 걸어서 가기에 무리가 없다. 방배초·이수초·이수중 등 주변에 학교도 상당히 많다. 강남 테헤란로까지 직선으로 연결되는 서초대로를 끼고 있어 도로 교통도 좋다. 6구역은 5구역보다 규모가 작지만 입지는 밀리지 않는다는 평가다. 내방역과 이수역 사이에 있고, 서문여중·서문여고와 가깝다. 방배동 단독주택 재건축 구역 중 속도가 가장 빠르다.

반포동과 잠원동에서도 신반포15차(래미안원펜타스)와 신반포4지구(신반포메이플자이), 반포주공3주구(래미안트리니원)가 분양 시장에 나올 것으로 전망된다. 신반포15차는 전체 641가구 가운데 263가구가 일반분양 물량으로 풀린다. 신반포4지구에서는 3307가구 가운데 236가구가 일반분양 물량이다. 래미안트리니원에서는 537가구가 일반분양될 것으로 전망된다.

래미안원펜타스는 재건축 이후 규모(641가구)는 작다. 하지만 입지로 보면 반포대교 서쪽의 내로라하는 단지들과 견줘도 전혀 밀리지 않는다는 평가를 받는다. 반포주공1단지 1·2·4주구와 아크로리버파크에 둘러싸인 이 아파트는 외국인학교인 덜위치칼리지, 서울 강남권의 유일한 사립초등학교(계성초) 등을 끼고 있다. 반포중과 가깝고, 길 하나를 건너면 세화여고와 세화여중이 있다. 9호선 신반포역도 바로 앞에 있다.

이곳은 기존에 5층, 중대형 평형(전용면적 146~217㎡)으로만 구성된 단지여서 재건축 사업성이 꽤 좋다는 평가를 받고 있다. 정비 업계에선 이 지역 '대장'인 래미안원베일리보다 뛰어나다는 얘기도 나오는 만큼 재건축 이후 고급화에 얼마나 성공할지에 관심이 집중된다. 특히 전용면적 107㎡, 137㎡, 191㎡ 등 서울 강남권에선 보기 어려운 대형 평형이 분양돼 눈길을 끈다.

신반포 메이플자이는 반포주공1단지 1·2·4주구(반포디에이치클래스트), 래미안원베일리와 함께 '반포 대장주'로 거론되는 사업지다. 신반포 8·9·10·11·17차, 녹원한신, 베니하우스 등 7개 아파트와 상가 단지 2개를 통합했다. 시공사인 GS건설은 단지 남쪽 반포자이와 함께 거대한 '자이 타운'을 만든다는 계획이다. 경부고속도로 입체화 등 미래 개발 호재도 꽤 있다. 이 단지

는 특히 한강이 보이는 스카이브리지가 특징이다. 단지 내 2개 동(210동·211동) 옥상을 다리로 연결하는 스카이브리지에는 커뮤니티시설도 들어선다.

래미안트리니원은 반포권 최대 규모 아파트인 반포디에이치클래스트와 생활 인프라를 공유하는 단지다. 구반포역을 기준으로 북측이 1·2·4주구, 남쪽이 3주구다. 이 아파트의 가장 큰 특징은 반포 권역에서도 명문학교로 꼽히는 세화고, 세화여고, 세화여중과 붙어 있다는 점이다. 근처 공인중개업소들 사이에선 '기숙사 단지'라는 별명으로 불린다.

총 2678가구(일반분양 578가구)에 달하는 송파구 신천동 '잠실 래미안아이파크'(잠실진주)도 2023년 말~2024년 초 사이에 분양하는 것을 목표로 잡고 있다. 잠실에선 19년 만에 나오는 새 아파트 단지다. 단지는 한강변은 아니지만 교통의 요지에 위치했다는 평가를 받는다. 단지 바로 앞엔 지하철 8호선 몽촌토성역이 자리해 있다. 5~10분을 걸어가면 9호선 한성백제역, 2호선 잠실나루역, 2·8호선 잠실역 등 3개 역을 이용할 수 있어 '쿼드 역세권' 단지로 불린다.

또 '공(원)세권' 입지를 갖추고 있다는 사실도 강점이다. 단지 건너편에 올림픽공원이 있다. 일부 가구는 집에서 올림픽공

원을 내려다볼 수 있는 '공원뷰'도 가능할 전망이다. 걸어서 10분 거리에 한강공원과 석촌호수, 성내천 등도 있다.

비강남권에서는 노량진뉴타운과 한남디에이치더로얄(한남3구역 재건축) 등이 2024년 중 분양할 가능성이 있다.

서울 서남부권 요지로 꼽히는 동작구 노량진뉴타운 중에서는 사업 속도가 빠른 2구역과 6구역, 8구역 등이 시장에 나올 전망이다.

노량진 6구역은 현재 철거를 진행 중이다. 재개발 과정이 끝나면 노량진 6구역은 1499가구 규모 대단지로 탈바꿈한다. 조합원 분양 770가구와 임대 262가구를 제외한 467가구가 이르면 2024년에 일반에 분양된다. GS건설과 SK에코플랜트 컨소시엄이 공사를 맡는다. 언덕에 있어 지대가 상대적으로 높다는 게 단점이지만 장승공원·백로어린이공원 등이 가깝고 학교 접근도 쉬운 편이다.

2구역은 지하 4층~지상 29층 421가구 규모 주상복합 아파트 단지로 탈바꿈한다. 조합원 분양 111가구와 임대주택 106가구를 제외한 200여 가구가 일반분양 물량으로 나온다. 지하철 7호선 장승배기역 역세권으로 동작구 종합행정타운이 근처에 들어설 예정이어서 개발 기대감이 크다. 2구역은 역세권 밀도계획이 적

용돼 용적률 398%와 건폐율 43%가 적용된다. 전체 노량진뉴타운 지역 중 조합원 비율이 가장 낮은 곳이기도 하다.

8구역은 노량진뉴타운 안에서도 은근히 괜찮은 입지로 꼽힌다. 노량진역과 대방역 사이에 위치해 조금만 걸으면 두 역을 모두 이용할 수 있다. 노량진역(1·9호선)에는 서부선이 들어올 예정이고 대방역은 1호선과 신림선이 지나간다.

한남뉴타운에서 가장 사업 속도가 빠른 한남3구역은 2020년 현대건설을 시공사로 선정한 뒤 순조롭게 사업을 진행하고 있다. 한남3구역은 총 사업비만 약 7조원, 예정 공사비만 1조8880억원에 달하는 역대 최대 규모 재개발 사업이다. 앞으로 한남3구역은 지하 6층~지상 22층, 197개 동 총 5816가구(임대 876가구)의 매머드급 대단지 '디에이치한남'으로 다시 탄생한다. 일반분양 물량은 831가구다. 이곳은 구역 전체가 언덕으로 돼 있어 일부 가구는 한강 조망권을 톡톡히 누릴 수 있다. 현대건설은 한남3구역에 현대백화점을 입점시킨다는 계획도 가지고 있다. 하지만 경사가 상당한 것은 한남3구역의 단점이다.

서울에서 핵심 단지들이 줄줄이 분양을 기다리고 있지만 수요자 입장에서 꼭 체크해야 할 문제가 있다. 바로 최근 분양

가격이 올라가고 있다는 점이다. 민간 분양가상한제 적용 지역(강남 · 서초 · 송파 · 용산)을 제외하면 '로또 청약'을 기대하기 어렵다는 뜻이다.

최근 강남권에서 분양이 계속 연기되고 있는 것도 일차적으로는 설계 변경 같은 절차적 문제에 원인이 있지만, 그보다는 분양가를 좀 더 높게 받으려는 조합의 계산이 크게 작용했다는 분석이 많다. 대개 조합은 일반분양가를 높이길 원한다. 분양 가격이 높아야 조합원(집주인) 부담이 주는 구조이기 때문이다. 그런데 최근 공사비와 인건비 등이 많이 뛴 반면, 강남권은 분양가상한제에 걸려 분양가를 마음대로 높이지 못한다. 조합 입장에선 일정을 미루고 싶은 유혹이 크다.

이 같은 분위기는 강남3구에서 후분양이 늘어나고 있다는 사실에서도 확인할 수 있다. 마지막까지 일정을 미루다 입주를 눈앞에 둔 상황에서 분양하는 단지가 많다는 뜻이다. 후분양은 일반적인 '선분양'보다 위험이 높지만 인기가 많은 강남권에서는 상대적으로 적다. 실제로 2023년 분양을 계획 중인 힐스테이트 e편한세상 문정도 2024년에 입주가 예정돼 있는 후분양 아파트다.

시장에선 강남 · 서초 아파트 일반분양가로 3.3㎡당 6000만~7000만원을 예상한다. 국내 재건축 단지 중 분양가가 가장 비쌌던 반포동 '래미안원베일리'(3.3㎡당 5653만원)보다 최대 1000만원 이상 높다. 올라간 땅값과 불어난 공사비를 반영한 전망치다. 후분양 아파트가 분양가상한제를 적용받으면 건설 비용 등을 좀 더 인정받을 수 있기 때문에 분양 가격이 이보다 좀 더 오를 수도 있다.

최근 주택 공급절벽에 대한 경고가 계속 나오는 점도 체크해야 할 부분이다. 공급을 촉진한다는 '상징성'을 만들기 위해 강남3구에 적용 중인 분양가상한제가 해제될 수 있기 때문이다. 물론 이 같은 시나리오는 주택 시장을 자극할 수 있기 때문에 정부 입장에서 손댈 가능성이 높지는 않다.

내 집 마련,
청약에만 매달리지 마

청약은 앞의 장에서 언급했듯 현재 부동산 시장에서 내 집을 마련할 수 있는 가장 강력한 수단으로 꼽힌다. 지금까지는 시세보다 낮게 분양 시장에 나와 '로또청약'을 노린 수요가 몰려들었지만 최근엔 수도권의 경우 높은 분양가에도 '의외의 안전마진'이 있다는 판단 아래 수십 대1의 경쟁률로 청약이 마감되는 사례가 속출하고 있다. 하지만 무주택자든, 갈아타기를 노리는 1주택자든 청약에만 매달리다 보면 자칫 낭패를 볼 수 있어 현명한 선택을 해야 한다.

분양가 상승에도 청약 열기는 여전

2023년 8월에 분양한 구의역 롯데캐슬이스트폴은 1순위에서 98.4대1의 경쟁률로 청약이 마감됐다. 전용면적 84㎡ 최고 분양가가 14억9000만원에 달할 정도로 비쌌다. 2022년 12월 분양한 올림픽파크포레온(둔촌주공 재건축) 분양가보다 높았다.

그런데 631가구인 이 단지의 청약에 통장이 무려 4만6000여 개 들어왔다. 의미가 없는 2순위 통장을 제외하더라도 서울의 수요자 4만1344명이 약간 비싸다고 받아들인 2호선 역세권 단지에 침을 흘렸다는 뜻이다.

광명센트럴아이파크 역시 전용면적 84㎡가 13억원대라는 고가에도 두 자릿수 경쟁률을 보이며 무리 없이 소화됐다.

최근 몇 년간 분양 시장의 공식은 '로또청약'이었다. 시세보다 낮은 가격 탓에 당첨되면 바로 수억 원의 차익을 얻을 수 있었기 때문이다. 하지만 지금은 분위기가 묘하게 흘러가고 있다. 대체 왜 그런 것일까.

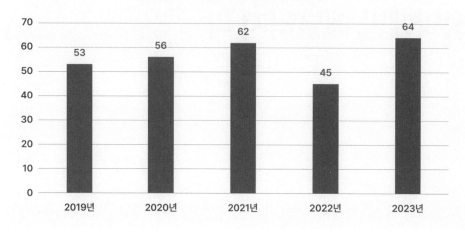

최근 5년간 서울 청약 평균 당첨가점

2019년	2020년	2021년	2022년	2023년
53	56	62	45	64

*2023년은 1~6월까지

자료: 부동산R1

비밀은 바로 숨어 있는 안전마진이다. 러시아·우크라이나 전쟁 등 영향으로 원자재 가격이 폭등하면서 앞으로 건축비가 낮아질 일은 없고, 높아질 이유만 가득하다는 것은 모든 국민이 아는 사실이다. 입지가 좋은 지역에서조차 시공사를 구하지 못하는 정비 사업이 늘어나고 있을 만큼 앞으로 분양가의 지속적인 상승은 '상수'로 받아들이는 게 현명하다. 결국 현재의 아파트 분양 가격 상승세를 고려할 때, 입주 시점인 2~3년 뒤에는 지금보다 높게 시세가 형성될 가능성이 매우 크다는 판단 아래 청약 수요가 들어오고 있는 셈이다.

이와는 반대로 서울의 강남 3구와 용산구에서 드물게 나오는 분양가상한제 적용 단지는 마지막으로 남아 있는 로또청약이라는 상징성 탓에 수많은 수요자들이 눈독을 들이는 상황이다.

70점 넘나드는 가점…당첨 하늘의 별 따기

하지만 이 청약에 당첨되는 게 결코 쉬운 일이 아니라는 게 문제다.

청약은 크게 가점제와 추첨제로 나뉜다. 그리고 일반 1순위 전에 하는 특별공급(신혼부부, 생애최초, 다자녀가구, 노부모 부양 등)이 있다. 그나마 특별공급이 경쟁률이 덜한 편이긴 하다. 자녀가 있는 신혼부부와 자녀가 셋 이상인 다자녀가구, 노부모 부양 가구의 경우라면 특별공급을 노릴 만하다.

일반 1순위로 갈 경우 가점순으로 당첨된다. 가점제는 무주택 기간(32점), 청약통장 납입 기간(17점), 부양가족 수(35점) 등을 감안해 총 84점 만점으로 이뤄진다. 무주택 기간은 만 30세를 기준으로 시작하므로 만점을 받으려면 15년 후인 만 45세가 돼야 한다.

서울 유망 지역의 민간분양 아파트 최저 가점은 60점대 후반인 경우가 대부분이다. 4인 가족(본인, 배우자, 자녀 2명)이라면 만 45세가 돼야 69점을 받을 수 있다. 청약에 당첨될 확률이 높다는 '70점 이상'은 4인 가족이라면 아예 받을 수 없다. 다시 말해서 청약 가점으로 서울·수도권 주요 지역 아파트에 당첨되긴 정말 어렵다는 얘기다. 또 하나의 문제는 청약 가점을 채우기 위해 내 집 마련 시기를 계속 미루다 보면 어느 순간 아파트 가격은 많이 올라가게 되고 청약 당첨도 장담할 수 없어 내 집 마련에 실패할 수 있다.

4월부터 확대된 추첨제…확률은 여전히 낮아

2023년 4월 1일부터 중요한 청약제도가 또 하나 변경됐다. 투기과열지구와 조정 대상지역에서 전용면적 $85m^2$ 이하 청약 물량에 대해 추첨제로 당첨자를 뽑는다. 지금까지 투기과열지구에서 전용면적 $85m^2$ 이하는 100% 가점제로 입주자를 선정했다. 상대적으로 무주택 기간이 짧고, 부양가족이 적은 2030세대는 당첨 기회가 아예 없었다. 하지만 국토교통부의 '주택공급에 관한 규칙'이 개정되면서 전용면적 $60m^2$ 미만은 전체의 60%, 전용면적 $60{\sim}85m^2$는 전체의 30%가 추첨제로 공급된다. 규제지역이라 청약통장 가입 기간 2년을 채운 세대주면 1순위 자격을 받을 수 있다. 가점이 낮은 무주택자라면 추첨제 물량을 노려볼 만하다.

추첨제 물량은 20·30대 무주택자와 1주택자 모두 당첨될 수 있지만 확률적으로 2030세대 무주택자가 유리하다. 현행 주택공급에 관한 규칙엔 추첨제 물량의 75%를 무주택자에게 우선 공급하고 우선 공급에서 탈락하는 무주택자와 1주택자가 경합하는 식으로 당첨자를 선정한다는 내용이 있다. 국토교통부에 확인한 결과 이 규정은 청약제도가 개편돼도 남을 예정이다.

서울의 A아파트가 분양되는데 전용면적 $84m^2$ 물량이 100가구라고 가정해 보자. 지금까지는 모두 가점제로 분양됐다. 하지만 법이 개정되면서 가점제가 70%, 추

투기과열지구 아파트 청약 배정 물량 변화

당첨자 선정비율	4월 1일 이전	4월 1일 이후
전용 60㎡ 이하	가점제 100%	가점제 40%, 무주택자 우선추첨 45%, 1순위 1주택자+무주택자 추첨 15%
전용 60~85㎡	가점제 100%	가점제 70%, 무주택자 우선추첨 22.5%, 1순위 1주택자+무주택자 추첨 7.5%
전용 80㎡ 초과	가점제 50%, 무주택자 우선추첨 37.5%, 1순위 1주택자+무주택자 추첨 12.5%	가점제 80%, 무주택자 우선추첨 15%, 1순위 1주택자+무주택자 추첨 5%

*현재 투기과열지구는 서울 강남구, 서초구, 송파구, 용산구만 지정

첨제가 30%가 된다. 다시 말해 100가구 중 70가구는 무주택자끼리 경쟁해서 가점순으로 당첨이 된다. 이들 당첨자가 걸러지고 남은 30가구 중 23가구(76.7%)를 가지고 떨어진 무주택자끼리 추첨을 해서 경쟁을 한다. 그리고 나서 마지막으로 남은 7가구를 갖고 무주택자와 1주택자가 다시 한번 경쟁을 하게 된다.

이 단지 전용면적 84㎡에 청약하려는 무주택자가 100명, 1주택자가 100명이라면 무주택자 93명은 어떻게든 당첨되게 돼 있다는 뜻이다. 그리고 1주택자 100명과 '정말 운 없는' 무주택자 7명이 최종적으로 7채의 주택을 가지고 경쟁(경쟁률 15.3대1)을 하게 된다. 2030세대 무주택자는 하나의 청약에서 '명목상' 3번의 기회를 갖게 되고, 1주택자는 단 한 번의 기회만 있는 것이다.

청약 외에 분양권·기존 아파트 매입 고려해야

앞서 얘기했지만 서울에서 청약 당첨권에 들어가려면 가점제의 경우 40대 중반은 돼야 한다. 물론 추첨제도 있지만 당첨을 '운'에 맡기는 수밖에 없다. 즉, 청약은 내 집 마련의 정답이 아닐 수 있다. 원하는 시기에, 원하는 지역에, 원하는 평형을 받을 수 없기 때문이다. 그래서 청약에 올인하기보다는 청약과 기존 아파트, 분양권, 재개발과 재건축 투자 등을 병행할 필요가 있다.

강남3구와 용산구를 제외하고는 전국이 비규제지역이기 때문에 분양권 전매 제한 기간이 많이 단축됐다. 수도권 비규제지역의 과밀억제권역의 경우 분양 후 1년이 지나면 분양권을 매입할 수 있다. 단 수도권 규제지역과 공공택지는 전매 제한 기간이 3년이다. 비수도권의 경우 광역시는 6개월이면 분양권 전매가 가능

하다.

따라서 분양가가 적정하고 프리미엄이 많이 붙지 않은 유망 단지라면 분양권 구입도 내 집 마련 방법으로 고려할 만하다. 물론 앞서 언급했듯 실거주 의무 법안이 통과되지 않아 해당 분양권이 어떤 상태인지는 꼭 확인할 필요가 있다.

분양권도 여의치 않다면 기존의 아파트를 구입하는 것도 고려할 만하다. 구입하려고 하는 지역이 있다면 신축한 지 5년 이내의 아파트를 구입하는 방법이다. 예를 들어 2023년 7월에 분양한 청량리 롯데캐슬 하이루체 아파트의 경우 전용면적 59㎡ 분양가가 옵션 비용을 포함해 9억원이 넘었다. 청량리역과 좀 더 가까운 전농동 래미안크레시티의 전용면적 59㎡는 10억5000만원에 매물이 나와 있다. 물론 2010년에 지어 연식이 13년을 넘었지만 청량리 인근 지역에 주거지를 마련할 계획이라면 대안으로 고려해볼 만하다.

2023년 8월에 분양한 광명 센트럴아이파크는 지하철 광명사거리역에서 도보 6분 거리에 있다. 전용면적 84㎡ 분양가는 12억7000만원으로 주변 시세보다 높다. 2021년에 입주한 철산역에서 도보 6분 거리의 철산 푸르지오 아파트는 전용면적 84㎡가 12억원에 나와 있어 센트럴 아이파크보다 오히려 싸다. 이처럼 요즘에 분양하는 아파트는 가격이 천정부지로 치솟고 있어 무조건 청약 당첨을 기대하기보다는 주변 시세와 자금 사정을 고려해 꼼꼼하게 분석해야 한다.

청약 전 단계인 재개발, 재건축 투자

당장은 아니더라도 5~7년 안에 새 아파트에 입주하고 싶다면 재개발이나 재건축이 진행 중인 정비구역 내 주택을 매입하는 것도 좋은 방법이다. 당첨이 불확실한 청약 가점제나 추첨제와 달리 확실히 새 아파트를 당첨 받는 방법이다. 대개 사업시행인가를 받은 단지는 7~8년, 관리처분인가를 받은 곳은 5년이면 입주까지 가능하다.

재개발, 재건축 조합원이 되면 청약으로 나온 일반분양과 달리 전망과 향이 좋은 로열층, 로열동에 배정될 가능성이 높다. 발코니 확장이나 가전제품 등 혜택도 추가로 받을 수 있어 여러모로 이점이 많다. 그리고 사들인 금액과 비교해 입주 시점에 가격이 상승해 있을 가능성이 높아 투자 가치도 좋은 편이다.

특히 서울은 재개발과 재건축이 아니면 새로 아파트가 공급되기 어려운 구조이기 때문에 재개발과 재건축 아파트의 미래 가치는 높다. 물론 재건축과 재개발은 경기 영향을 받는 만큼 본인의 자금 사정 등을 꼼꼼히 따져봐야 한다.

5~7년 안에 입주를 하지 않아도 괜찮고, 장기적으로 투자할 생각이라면 대규모로 재건축이 진행되고 있는 양천구 목동 신시가지아파트나 노원구 상계동 주공아파트 등도 고려해볼 만하다. 재개발의 경우 구역 지정 이전 단계나 조합설립인가 이전 단계는 투자비가 상대적으로 저렴해 자금이 부족한 사람이라면 관심을 가져도 좋다. 다만 굉장히 오랜 기간이 걸릴 것이 분명한 만큼 '단기 투자' '묻지마 투자' 식으로 접근하는 것은 금물이다.

〈도움=임채우 KB국민은행 부동산수석전문위원〉

2024년 입주 물량 변화와 전세 시장

2023년 11월 말 입주하는 개포동 디에이치퍼스티어아이파크(옛 개포주공1단지). 6702가구 규모 초대형 단지라 입주장이 열리면서 전셋값 하락이 기대됐지만 상황은 반대로 흘러가고 있다. 인근 공인중개사무소 대표 A씨는 "최근 한 달 사이 저렴한 물건들은 속속 빠지고 가격이 점점 오르고 있다"며 "집주인들도 최근 상황을 의식한 듯 14억원(전용면적 84㎡) 아래로는 계약하지 않으려 한다"고 말했다.

디에이치퍼스티어아이파크의 전셋값 하락이 예상됐던 건 지난해 유사한 사례가 있었기 때문이다. 2022년 말 개포동은 개포자이프레지던스(개포주공4단지) 입주장으로 강남 '역전세난'의 진앙지가 됐다. 3375가구 대단지라 전세 물량이 쏟아졌고 전용면적 84㎡ 기준으로 2022년 말과

2023년 초 9억원대에도 계약이 이뤄졌다. 비선호 동이거나 저층이었지만 개포동에서 유례를 찾기 힘든 가격이었다. 집주인이 선순위 담보대출을 유지하는 조건으로 7억원대에 계약이 된 사례도 있었다.

1년 만에 상황은 달라졌다. A씨는 자신의 중개사무소에서 최근 한 달 사이 계약된 디에이치퍼스티어아이파크 동일 면적의 전세가는 11억원, 12억5000만원, 13억원 순서로 올랐다고 전했다. 인근 단지들 시세에도 큰 변화가 없다. 주변 시세를 같이 끌어내렸던 개포자이프레지던스 입주장과 다른 양상이다.

아파트 매매와 전세 시장 모두 상승 반전하며 수요자들 심리가 변화한 것이다. 침체의 골이 깊었던 2022년 말에는 매매와 전세 수요자들 모두 강한 관망세를 유

지했다. 그 때문에 이사를 가려는 가구가 극히 드물었고 대부분 보증금을 낮춰 재계약하거나 이사를 하더라도 전셋값이 더 낮은 곳을 찾았다.

2023년 들어 서울 아파트 전셋값은 5월 넷째 주부터 상승 전환했다. 매매 가격도 이보다 조금 일찍 비슷한 시차를 두고 상승세로 전환했다. 시장이 살아나자 조금이라도 저렴한 전셋값을 잡기 위해 이주도 활발해졌다. 8월 말 입주한 서초구 반포동 래미안원베일리 역시 예상과 달리 전세가 급락은 없었다.

이에 따라 전세 매물은 점점 줄어들고 있다. 부동산 빅데이터 업체 아실에 따르면 서울 아파트 전세 매물은 2023년 1월 중순 5만5882건으로 정점을 찍은 뒤 꾸준히 감소하는 추세다. 월세 역시 2022년 12월 중순 3만1787건을 정점으로 계속 줄고 있다. 같은 기간 매매 물건은 증가했지만 매매, 전세, 월세를 모두 합한 총 매물 수는 연초보다 약 1만5000건 감소했다. 전월세에서 매매로 돌린 집주인들이 있다고 해도 전반적인 매물량이 줄었다는 뜻이다.

전세가 상승은 비단 강남권만의 이야기가 아니다. 강서구 우장산아이파크e편한세상 전용면적 84㎡는 9월 7일 6억8800만원에 전세 거래가 이뤄졌다. 7월 말 6억1180만원에 거래된 것과 비교해 7000만원 넘게 가격이 올랐다.

관악구 두산아파트 전용면적 114㎡는 9월 초 7억3000만원에 전세 계약이 진행됐다. 8월 말 같은 전용면적 전셋값이 6억원인 것과 비교해 1억3000만원이나 오른 것이다.

이 같은 상황에 서울·수도권 거주 무주택자들은 고민이 많다. 서울 아파트 매매 가격이 예상보다 빠르게 상승세로 돌아서면서 섣불리 매매하기도 어려운데, 전셋값 역시 상승하고 있어 전세로 다시 눌러앉는 것도 쉽지 않기 때문이다.

이런 고민을 하는 사람들은 2024년 지역별 입주 물량을 살펴보면 감을 잡는 데 도움이 될 수 있다. 2024년에는 서울 지역 입주 물량이 큰 폭 줄어드는 가운데 구별 편차도 한층 심해질 것으로 예상된다. 입주 물량은 실수요와 직결된다. 이 때문에 주택 임대차 시장에 큰 영향을 미치고, 나아가 매매 시장까지도 자극할 수 있다. 공급 물량이 2023년보다 대폭 감소하는 강남·마포·은평구는 요주의 지역이다. 반면 강북·성동·송파구는 2023년보다 입주 물량이 크게 늘어 대조된다. 부동산 플랫폼 업체 '직방'에 따르면 2024년 서울 아파트 입주 물량은 1만3841가구다. 2023년 입주 물량 3만346가

서울 구별 입주 물량

단위: 가구

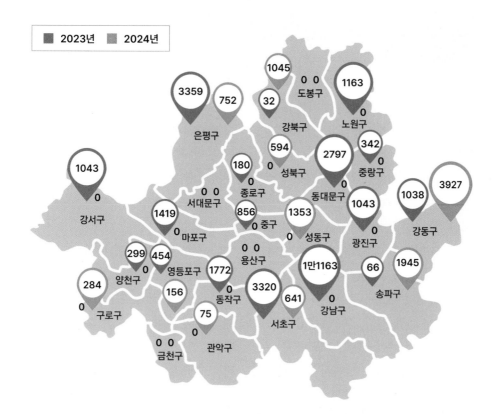

■ 2023년 ■ 2024년

구	2023년	2024년
은평구	3359	752
강서구	1043	0
도봉구	1045	0 0
강북구	32	
노원구	1163	0
성북구	594	0
중랑구	342	0
종로구	180	0
서대문구	0 0	
동대문구	2797	0
강동구	1038	3927
마포구	1419	0
중구	856	0
성동구	1353	
광진구	1043	0
영등포구	299 454	0
용산구	0 0	
양천구	284	0
동작구	1772	0
156		
강남구	1만1163	0
송파구	66	1945
서초구	3320 641	
관악구	75	0
금천구	0 0	

*8월 4일 기준, 자료: 직방

구보다 54%(1만6505가구) 줄어든 것이다. 최근 5년간 서울 연평균 입주 물량(4만5000가구, 2018~2022년)과 비교하면 69%나 감소했다. 서울은 못해도 2만가구 정도는 입주가 이뤄져야 한다고 대부분의 부동산 전문가들은 말한다. 2024년 전세 시장 상황이 어떨지 모른다는 얘기다. 입주 물량은 아파트 공사 진행 속도에 맞춰지는 경향이 있다. 3~4년 후를 예측하는 분양 물량과 달리 시차가 1년 정도이기 때문에 현재 전망치에서 큰 폭으로 변동되기 어렵다는 뜻이다.

2023년 상반기 수도권 주택 임대차 시장 키워드는 앞에서도 언급했듯 '역전세'였다. 2020년 임대차법(전월세상한제·계약갱신청구권)이 도입된 후 급등했던 전세 가격이 계약 갱신 시점에 금리 상승 등 환경과 맞물리며 큰 폭으로 하락했다. 전세 사기 공포로 빌라 전세 시장이 붕괴되면서 상황은 더 심각해졌다. 정부가 전세보증금 반환 목적 대출에 대해서는 총부채원리금상환비율(DSR)을 풀어주는 등 규제를 완화한 이유이기도 하다.

하지만 2024년 전세 시장은 역전세와는 거리가 멀 듯하다. 오히려 상승 압력이 강해져 불안한 모습이 나타날 곳도 예측된다. 실제로 매일경제신문사가 직방 데이터를 분석한 결과, 2024년 서울 25개 구 가운데 입주 물량이 '0'인 곳이 11곳이나 됐다. 구체적으로 따지면 강남·강서·광진·노원·동대문·동작·마포·양천·종로·중구·중랑구다. 2023년에 입주 물량이 없는 곳이 관악·구로·성동·성북구 등 4곳이라는 점을 감안하면 대폭 늘어나는 셈이다. 입주 물량이 없는 곳은 매물 자체가 적다는 뜻이라 임대차 시장에는 바로 나쁜 영향을 줄 수 있다.

특히 2023년에도 입주 물량이 적어 전세 가격이 급락하지 않았는데 2024년에도 물량이 없는 곳은 주의해야 할 것으로 전망된다. 꽉 누른 냄비에 물이 끓을수록 압력이 심해지는 것처럼 전세가 상승 압박이 다른 곳보다 심해질 가능성이 높기 때문이다. 2024년에 입주 물량이 없는 서울 자치구 가운데 이 같은 조건을 적용하면 양천·종로·중랑구 등이 대상에 포함된다. 2024년에 입주 물량이 있어도 관악구(0가구→75가구), 구로구(0가구→284가구) 등 소폭 상승하는 데 그치는 지역도 전세 상승 압력이 심해질 가능성이 높다.

2023년에 꽤 많은 새 아파트가 공급됐던 서울 자치구는 어떨까. 매일경제신문사가 조사한 결과 이들 지역도 2024년엔 상황이 호락호락하지 않을 것으로 보인다.

가장 대표적인 지역이 강남구다. 강남구는 디에이치퍼스티어아이파크(6702가구·개포동) 등 2023년에 약 1만가구가 입주한다. 실제로 개포동 일대는 개포자이프레지던스(3월)와 디에이치퍼스티어아이파크 등이 순차적으로 입주하며 전세 가격이 약세를 그리고 있다. 그런데 2024년엔 입주 물량이 '0'이다. 2024년 하반기로 갈수록 전세 하향 조정이 끝날 가능성이 높다는 뜻이다.

서초구도 상황은 비슷하다. 8월 말에 입

주를 시작한 래미안원베일리(2990가구)를 비롯해 연말까지 3320가구의 입주가 이뤄지는데 현재 반포동을 비롯한 서초구 전세 가격은 약세다. 아실에 따르면 래미안원베일리는 8월 8일 기준 2802가구가 매물로 나왔고, 이 가운데 전세 매물은 절반이 넘는 1448가구다. 하지만 2024년에는 입주 단지가 래미안원펜타스(641가구) 하나뿐이다. 반포동 B공인중개업소는 "지금 전세 가격이 낮아지고는 있지만 급락 분위기는 아닌 것 같다"며 "2024년에 입주 물량이 확 줄어들 것이라는 소문이 하방 지지선을 받치는 듯하다"고 말했다. 강남권 진입을 노리는 사람들이라면 지금 전세 가격만 보지 말고, 앞으로의 추이를 확인하는 작업이 필요하다는 뜻이다.

2023년 서울에서 강남권을 제외하고 입주가 몰렸던 지역도 2024년에는 역전세 위험이 많이 낮아질 것으로 전망된다.

2023년 은평구 입주 물량은 3359가구다. 1464가구 규모 DMCSK뷰아이파크포레, 1223가구 규모 DMC파인시티자이 등 대규모 단지 입주가 이뤄지면서 서울에서 강남구에 이어 두 번째로 많았다.

이 같은 입주 물량은 2024년 752가구로 줄어들 것으로 보인다. 부동산 업계에 따르면 2024년 은평구 입주 단지는 센트레빌아스테리움시그니처 1개 단지에 불과하다.

강서·광진·노원·동대문·동작·마포구 등 2023년에 1000가구 이상 입주가 이뤄졌지만 2024년에 입주 물량이 없는 지역도 전셋값이 요동칠 가능성이 높다. 동대문구는 2023년에 청량리역롯데캐슬SKY-L65(1424가구), 청량리역한양수자인(1152가구) 등 청량리역 개발에 맞춰 대규모 입주가 이뤄지면서 2797가구 입주가 동시다발적으로 진행됐다. 동작구 역시 2023년에 1772가구 대규모 단지인 흑석리버파크자이 입주가 진행됐지만 2024년에는 입주 물량을 찾기 어려운 상황이다.

이 같은 추세가 반영된 듯 한국부동산원 주간 아파트 가격동향에 따르면 서울 아파트 전세 가격은 2023년 5월 셋째 주 조사에서 상승 전환한 이후 계속 상승 중이다. 전세 가격이 매매 가격을 지지하는 부동산 시장 특성상 입주 물량이 줄어들면 전세뿐만 아니라 매매 가격 상승으로도 이어질 수 있어 주의가 요구된다.

반면 서울에 2024년에 전년보다 입주 물량이 늘어나면서 전셋값 상승 압력이 상대적으로 낮은 곳도 있을 것으로 보인다. 서울 지역의 일반적인 모습과는 다른 형태를 띨 가능성이 높다는 뜻이다.

경기도 주요 지역 입주 물량

단위: 가구

지역	2023년	2024년
고양시	1495	4173
과천시	1491	1380
광명시	1187	1051
남양주시	1458	350
부천시	4102	856
성남시	6216	1123
하남시	907	980
화성시	1만126	9441

자료: 아실

하지만 경기도도 시·군·구별로 따지면 국지적인 상승 압박이 보이는 지역이 나올 것으로 예측된다. 성남시(6216가구→1123가구), 부천시(4102가구→856가구), 남양주시(1458가구→350가구) 등은 2024년 입주 물량이 전년보다 큰 폭으로 줄어든다.

2023년 32가구 입주에 그쳤던 강북구는 2024년에 1045가구 입주가 예정돼 있다. 미아동 북서울자이폴라리스가 2024년 8월에 입주가 이뤄진다. 강동구(1038가구→3927가구), 성동구(0가구→1353가구), 송파구(66가구→1945가구)도 2024년 입주 물량이 더 많다.

경기도는 2023년과 2024년 입주 물량에 큰 차이가 없는 것으로 나타났다. 아실에 따르면 2023년 경기도 입주 물량은 9만6549가구다. 2024년 물량(9만4126가구)과 큰 차이가 없다. 실제로 과천시(1491가구→1380가구), 광명시(1187가구→1051가구) 등은 차이가 별로 없다. 전세 가격이 서울보다 안정적일 가능성이 높다는 뜻이다.

전국 휩쓰는 전세 사기,
안 당하는 방법

2023년 초만 해도 80%에 육박하던 서울 빌라 전세가율(매매가 대비 전세가 비율)이 최근 60%대로 떨어졌다. 대개 이 비율이 낮아지면 전세보증금을 떼일 '깡통전세' 리스크가 조금씩 완화되고 있다는 신호로 해석된다. 하지만 현재 상태는 조금 다르게 해석된다. 전세 사기에 대한 불안 심리가 가시지 않으면서 빌라 임대차 시장에는 여전히 전세 기피 현상이 만연하고, 그런 과정에서 전셋값이 떨어진다는 것이다.

실제로 '빌라 전세 포비아'는 좀처럼 수그러들지 않는 모습이다. 서울부동산정보광장에 따르면 2023년 1~7월 서울 빌라 전세 거래량은 4만981건으로, 전년 동기(5만6223건)보다 27.1% 감소했다. 최근엔 경기도 수원을 중심으로 대규모 '전세 사기' 사건이 또 터지면서 시장 불안은 계속될 전망이다.

보증금을 제때 받지 못할 위험성이 있는 가구가 전국 기준 최대 49만가구에 이를 수도 있단 전망마저 나오고 있다. 윤성진 국토연구원 부연구위원이 발표한 '보증금 반환 지연 및 미반환 구조 이해와 임차인 불안 완화 방안 연구' 보고서를 보면 임대보증금이 있는 임대인의 48.3%가 보증금보다 저축액이 적은 것으로 나타났다. 임대인의 대출 여력을 고려하더라도 14.6~29.6%의 임대인은 보증금에 해당하는 금액을 마련하기 어려울 것으로 추정된다.

임대인의 자금 여력 부족에 더해 시장 상황도 좋지 못하다. 2023년 상반기 종료된 계약을 기준으로 계약상 보증금이 전세 시세보다 높은 '역전세'는 55%, 보증금이 매매 시세보다 높은 '깡통전세'는 5.1%

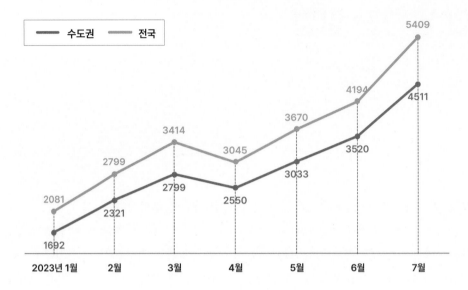

집합건물 임차권등기명령 신청 건수

단위: 건

- 수도권 ─── 전국

	2023년 1월	2월	3월	4월	5월	6월	7월
전국	2081	2799	3414	3045	3670	4194	5409
수도권	1692	2321	2799	2550	3033	3520	4511

자료: 등기정보광장

로 집계됐다. 이 가운데 전세 가구 중 약 8.1%만이 보증금 반환보증에 가입했고 역전세와 깡통전세가 중첩적으로 나타나는 계약 중 최우선변제금 상한 기준 이하인 경우는 0.07%에 불과하다. 단순 수치로만 따져도 보증금 반환 지연 위험 가구는 24만1000~49만2000가구, 보증금 미반환 위험 가구는 2만~4만2000가구로 추정됐다.

사정이 이렇다 보니 2023년 임차인이 제때 돌려받지 못한 전세보증금은 3조원을 넘어선 것으로 나타났다. 2022년 연간 사고금액(1조1726억원)과 비교해도 3배가량 증가한 것이다. 보증 사고는 세입자가 전세 계약 해지·종료 후 1개월 안에 전세보증금을 되돌려받지 못하거나, 전세 계약 기간 중 경매나 공매가 이뤄져 배당 후 전세보증금을 받지 못한 경우에 해당한다.

이처럼 전세 사기와 보증금 미반환 사고는 전국적으로 계속 번지는 모습이다. 정부가 특별법을 만들어 지원 대책까지 발표했지만 기준이 까다로워 대상이 되기 쉽지 않다는 지적이 나온다.

전세 제도는 복잡하고 허점이 많아 작은 부주의가 자칫 큰 금전적 피해로 이어질 수 있다. 특히 전세금은 대부분 세입자에겐 '전 재산에 가까운' 목돈인 경우가 많다. 이 같은 이유로 전세 계약 전후에 확인해야 하는 사항들을 반드시 챙겨야 한다. 전세 기획 사기와 조직적 범죄를 완전히 막긴 어렵지만 큰 피해를 보는 것만은 어느 정도 막을 수 있기 때문이다. 매일경제신문사가 세입자들이 보증금을 지키기 위해 전세 계약 단계별로 챙겨야 하는 문제들을 정리해봤다.

최근 잇따르는 전세 임차인의 피해는 크게 두 가지로 나눌 수 있다. 집주인, 중개사, 감정평가사 등이 가담해 조직적으로 임차인을 속인 사례(선순위 저당권이 있는 경우)와 집주인이 무리하게 갭투자(전세를 끼고 매입)한 후 가격이 내려가 전세보증금을 돌려주지 못한 사례다. 후자는 이른바 '깡통전세' 사례다.

특히 전세가율이 급격히 상승한 지역이 늘고 있다는 점 때문에 깡통전세 우려가 높아지고 있다. 한국부동산원에 따르면 최근 3개월간 전국 아파트 전세가율은 70.3%다. 대개 부동산 업계에서는 전세가율이 70%를 넘으면 깡통전세 위험 신호로 본다. 연립·다세대주택만 놓고 보면 전국 전세가율은 79.6%까지 올라간

다. 세종(105.9%), 충남(100.7%)은 100%를 넘어섰다. 이미 전세보증금이 집값보다 더 높아져 있다는 뜻이다. 2023년 하반기 부동산 시장의 뇌관이 역전세와 전세보증금 미반환 사고가 될 가능성이 높다는 지적이 나오는 이유다.

그렇다면 전세 계약 전에 가장 먼저 해야 할 일은 무엇일까. 바로 계약할 물건과 임대인에 대한 조사다. 먼저 전세로 살고 싶은 집의 등기부등본을 떼어보고 '선순위채권'이 있는지 확인해야 한다. 선순위 채권이 있으면 집이 경매에 넘어갈 경우 이 권리에 대한 원리금 지급이 먼저 이뤄지기 때문이다. 다시 말해 내 보증금을 돌려받을 권한이 '후순위'로 밀린다는 뜻이다.

선순위채권은 등기부등본 갑구와 을구에 존재한다. 저당권, 근저당권, 가압류, 담보가등기, 경매개시결정등기, 전세권이란 단어가 혹시 있는지 찾아야 한다. 그동안 대부분 언론에선 근저당이나 가압류 정도만 예시로 드는 경우가 많았다. 하지만 나머지 권리도 경매에서 선순위 채권이 될 수 있다. 만일 이 단어들이 등기부등본에 있고, 그 금액과 전세보증금의 합계가 매매 가격의 60~70%를 넘는다면 경매를 진행한 후 돌려받을 수 있는 돈이 없을 가능성이 있으므로 각별히 조

심해야 한다.

위 6개 단어 말고 등기부등본 갑구에 '신탁등기'라는 단어가 나와도 주의해야 한다. 이 사례는 집주인이 주택을 지으면서 신탁회사(대개 금융기관)에서 대출을 받았을 때에 해당한다. 실질적인 집주인이 신탁회사이기 때문에 전세 계약을 할 때는 이들의 동의가 필요하다. 반드시 신탁원부를 발급받은 후 신탁사에 임대차 계약에 관한 계약 동의를 모두 받아야 임대차보호법 적용 대상이 된다.

등기부등본 외에 건축물대장을 발급받는 절차도 필수다. 특히 아파트 말고 빌라나 다세대주택에 전세를 들어가려면 이 과정을 꼭 거쳐야 한다. 건축물대장에 적힌 용도대로 건물을 쓰고 있는지, 불법이나 무허가 건물은 아닌지 확인해야 한다. 만일 이 사례에 해당한다면 주택임대차보호법 적용 대상이 아니기 때문이다. 보증금 관련 사고가 발생할 경우 정부의 여러 지원책을 받지 못한다.

전세 계약 전에 마지막으로 해야 할 일은 임대인의 국세 · 지방세 체납 여부를 확인하는 것이다. 2023년 4월부터 공인중개사가 임대인 동의를 얻어 세금 · 이자 체납 등 신용정보를 직접 확인할 수 있게

계약 단계별 전세사기 예방 체크리스트

계약 이전

- ☑ 등기부등본에 선순위채권, 신탁등기 있는지 확인
- ☑ 건축물대장 발급받아 불법·무허가건물 여부 확인
- ☑ 국세, 지방세 완납증명서 체크

계약서 작성

- ☑ 가능하면 집주인과 대면 계약
- ☑ 대리인 계약 시 위임장, 인감증명서, 집주인 신분증 확인

이사·잔금 납부

- ☑ 다른 세입자가 있는지 체크
- ☑ 잔금 납부 전 등기부등본 다시 확인

이사 이후

- ☑ 이사 당일 전입신고, 확정일자 받기
- ☑ 전세보증금 반환 보험 가입

법이 바뀌었기 때문에 이를 미리 확인해 세금보다 보증금이 후순위로 밀리지 않게 해야 한다.

다음은 전세 계약서를 작성할 때다. 일단 공인중개사에게 부탁해 계약 시점의 등기부등본을 다시 발급해야 한다. 그동안 새로운 선순위채권이 생겼을 가능성을 배제할 수 없기 때문이다. 또 이중 계약을 방지하기 위해 임대인과 직접 대면으로 계약하는 것이 좋다. 대리인을 통해

계약할 때는 위임장, 인감증명서, 임대인 신분증 등과 계좌 명의까지 꼼꼼히 확인해야 한다. 가능하다면 모든 사안을 마무리한 뒤 임대인과 영상통화라도 해서 확인받는 절차 또한 고려할 만하다.

특약도 유용하다. 계약서를 쓸 때 '집주인의 국세 체납 등이 확인되면 계약을 취소할 수 있다' '집주인 명의가 바뀌면 계약을 해지하고 보증금을 돌려준다' '계약 직후 임대인이 집을 담보로 대출받으면 계약을 취소한다' 등의 문구를 넣으면 좋다. '보증보험이 반려되면 계약을 취소한다'라는 특약도 활용할 수 있다. 다만 주의할 점은 막상 전세 소송까지 붙는다면 승소하는 데 특약이 큰 역할을 하지 못한다는 사실이다. 특약은 어디까지나 세입자 권한을 보호하기 위한 보조 장치라는 점을 잊어서는 안 된다.

계약서를 작성한 후 이사 날짜가 돼서 가장 먼저 할 일은 집이 확실히 비었는지 확인하는 것이다. 이 과정은 꼭 잔금을 치르기 전에 거쳐야 한다. 전세사기꾼의 주요 수법 중 하나가 여러 명의 세입자와 계약을 맺은 뒤 보증금을 들고 도망가는 행위이기 때문이다. 또 잔금을 납부하기 전에 등기부등본을 다시 한번 확인해 주택 관련 권리 상황에 변화가 있었는지 살펴보는 것도 필요하다.

이사가 끝났다면 전입신고를 하고 확정일자를 받아야 한다. 두 개를 동시에 해야 대항력과 우선변제권을 가질 수 있다. 대항력은 보증금 전액을 돌려받을 수 있는 권리인데, 전입신고 이후에 생긴다. 반면 확정일자로 발생하는 우선변제권은 임차한 주택이 경매·공매로 팔릴 경우 낙찰금으로부터 다른 채권자들보다 보증금을 우선 받을 수 있는 권리다. 만일 대항력을 갖췄어도 확정일자가 없다면 경매·공매로 넘어갈 때 법원으로부터 보증금을 받을 수 없고, 반드시 매수인(낙찰자)에게서 받아야 하기 때문에 절차상 문제가 발생할 가능성이 높다. 이 과정이 끝나면 등기부등본을 다시 한번 발급받아 확인하는 것이 좋다. 다시 말해 전세살이를 계획할 때는 해당 주택 등기부등본을 적어도 4번은 확인해야 전세 사기 피해에서 어느 정도 벗어날 수 있다는 뜻이다.

다만 확정일자는 신고 당일이 아닌 다음날 0시부터 효력이 생긴다는 맹점이 있다. 이런 맹점을 활용한 나쁜 집주인이 계약 당일 은행에서 대출을 받아 근저당을 설정하는 사기도 심심찮게 일어났다. 그렇기 때문에 '계약 후 잔금을 지급한 뒤 다음 날까지는 근저당을 설정하지 않는다. 이를 위반하면 임대차 계약이 무효가 되고 임대인은 임차인에게 손해배상을 해야 한다'라는 식의 특약 조항을 반드시 작성할 것을 요구해야 한다. 전세 분쟁이 생겼을 때 다른 특약과 달리 이 특약은 법원에서도 효력이 잘 인정되는 것으로 알려져 있다.

전문가들은 작정하고 임차인을 속이는 전세 사기는 걸러내는 데 한계가 있지만 깡통전세의 경우 세입자가 대비할 수 있다고 설명한다. 가장 주요한 방법은 전세보증금 반환보험을 활용하는 것이다. 집주인이 보증금을 돌려주지 않을 때 보증기관이 돈을 내주고 다음에 구상권을 행사하는 제도다. 계약을 체결한 후에만 가입되기 때문에 그전에 보증보험에 가입할 수 있는 주택인지 확인해야 한다. 또 임차 기간의 절반이 지나면 가입 자체가 안 되는 것도 주의해야 한다.

주택도시보증공사(HUG) 관계자는 "보증보험에 가입했더라도 실제 보증금을 반환받을 때까지 우선변제권을 유지해야 한다"며 "보험금을 받기 전에 다른 곳으로 이사하거나 전입신고를 하지 않도록 유의해야 한다"고 강조했다.

안심전세 앱을 활용하는 방안도 고려할 만하다. 임대인(집주인)의 과거 보증 사고 이력, HUG 보증 가입 금지 여부, 악성 임대인 등록 여부, 체납 이력 등 정보를 확인할 수 있다. 다만 집주인 동의가 필요하다는 점 때문에 제도가 개선돼야 한다는 지적도 나온다.

GTX가 온다···
뚫리는 광역교통망

철도·도로를 포함한 광역교통망은 주변 지역 부동산 가격을 뒤흔드는 최대 변수다. 굵직한 교통 개발계획이 발표되면 부동산 가격을 형성하는 입지와 건물 가치 중에서 입지 가치가 대폭 상승하기 때문이다.

개발 업계에선 철도가 뚫리면 단계적으로 부동산 가격이 상승한다고 판단한다. 일반적으로는 착공과 개통에 맞춘 두 번의 시기가 가장 큰 가격 상승기다. 실제로 신분당선 수지구청역 역세권 단지인 용인시 수지구 풍덕천동 '신정마을 7단지' 가격 추이를 살펴보면 이 같은 경향을 뚜렷이 확인할 수 있다. 이곳 전용면적 84㎡ 매매가는 착공 이후 1년(2010년 10월~2011년 10월)간 10%가량 상승했다. 또 2016년 1월 개통에 임박해서는 직전 한 달(2015년 12월~2016년 1월)간 약

5% 올랐다. 이 같은 관점에서 개통 예정인 신규 지하철·철도 노선이나 신설 역을 살펴보고, 해당 지역에 미칠 영향을 분석해보는 것은 의미가 있다.

2024년 전국에서 개통될 예정인 철도 노선은 무려 17개에 달한다. 2002년 이후 가장 많다.

드디어 GTX-A가 단계적으로 개통

가장 먼저 개발계획 단계부터 부동산 시장을 들끓게 했던 수도권광역급행철도(GTX)-A노선이 2024년 개통된다. 사업 진행 속도가 가장 빠른 삼성~동탄(39.5 km) 구간이 2024년 3월 말, 운정~서울역(42.6 km) 구간이 2024년 하반기에 개통될 예정이다. 서울역~삼성역은 2028년 하반기 이후에나 개통될 것으로 점쳐진다. GTX는 최고 시속이 180 km로 지하철(시

2024년 개통 예정 철도 노선

노선 이름	개통 구간
수도권 광역급행철도 A노선	파주 운정~서울역 삼성역~동탄역
별내선(서울지하철 8호선 연장)	암사역~별내역
서해선 홍성 연장	송산역~홍성역
경강선 성남역	성남역
교외선	능곡역~의정부역
부전마산선	부전역~마산역
대구도시철도 1호선 연장	안심역~하양역
대구권 광역철도	구미역~경산역
장항선 복선전철화	신창역~홍성역
평택선	창내역~안중역
중부내륙선(이천~문경선)	충주역~문경역
경전선	보성역~임성리역
중앙선 복선전철화	안동역~영천역
부산 천마산 관광모노레일	감정초등학교~천마바위
동해선	영덕역~삼척역 포항역~동해역

속 80km)의 두 배 이상이다. 이 노선이 개통되면 화성 동탄에서 삼성역까지 20분, 파주 운정에서 삼성역까지 23분이면 도달할 수 있다.

GTX-A노선은 속도와 노선 범위 등을 고려할 때 서울·수도권 부동산 시장 전반에 메가톤급 영향력을 미칠 것으로 전망된다. 그중에서도 특히 북쪽 끝과 남쪽 끝인 파주 운정신도시와 화성 동탄신도시가 가장 수혜를 볼 것으로 예상된다. 실제로 동탄·운정·킨텍스 등의 택지지구 내 단지들은 최근 몇 년 동안 GTX 착공과 함께 시세가 급등했다.

다만 2023년에는 금리 인상의 직격탄을 심하게 받았다. 그러나 최근엔 전반적인 집값 하락 둔화와 함께 GTX-A 개통까지 다가오며 일부 반등 거래가 이어지고 있다. 운정역 바로 인근에 위치한 '운정신도시아이파크' 전용면적 $84.9\,m^2$는 2021년 6월 9억5000만원에 신고가를 기록했지만 2023년 1월에는 6억2000만원으로 3억원 이상 급락했다. 이후 거래가 늘며 7억~8억원까지 실거래가가 오르고 있다. 동탄역 인근 '동탄역시범더샵센트럴시티' 전용면적 $84.8\,m^2$는 2021년 8월 14억8000만원까지 오른 후 2023년 초 10억원까지 떨어졌지만 최근엔 11억~12억원까지 다시 반등했다. 이들 외에도 연신내와 용인, 성남, 수서 등 이 노선이 지나가는 지역은 부동산 가치가 대폭 오를 것으로 전망된다.

문제는 GTX-A의 요금이 얼마로 책정될지다. 철도 업계에 따르면 정부는 GTX-A 개통식에 맞춰 요금 체계를 공개할 방침이다. 국토교통부는 수도권에서 전철이나 버스를 탈 때 환승 할인이 가능하도록 GTX 요금 체계를 구상하고

수도권광역급행철도 GTX-A

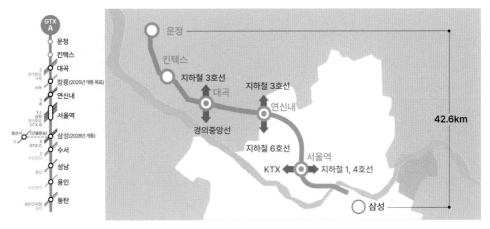

있다.

현재 GTX-A의 요금 체계로는 수도권 통합요금제를 기반으로 거리에 따라 별도 요금을 추가 지불하는 방식이 거론되고 있다. GTX-A를 $10km$ 이하로 이용할 경우(평일 기준) 기본요금 1250원에 별도 요금 1600원을 더해 기본운임은 2850원 정도로 예상된다.

여기에 추가요금 $5km$당 250원을 부과하는 방식이다. 이 기준으로 적용하면 킨텍스역에서 삼성역까지 $37.4km$를 GTX-A를 타고 가면 4350원이 나온다. 하루 왕복요금은 8700원으로, 한 달 동안 출퇴근을 하면 17만4000원 정도의 교통비가 발생하는 것으로 추산된다. 대화역~삼성역 구간 도시철도($49.4km$) 요금(2000원)과

비교하면 2.18배, 광역버스 요금(3100원)에 비하면 1.4배 수준이다. 그러나 2023년 지하철과 버스 요금이 20% 이상 뛰어 실제 개통 당시에는 킨텍스부터 삼성역까지 GTX-A 요금이 1만원을 넘어설 가능성이 높다는 분석도 많다.

GTX 운임이 통합 환승 할인에 포함되면서 다른 수도권 지하철·일반시내버스·광역버스 등 대중교통과 함께 이용할 시 환승 할인이 된다. 현행 제도처럼 GTX에서 하차한 후 30분 이내 4번까지 환승이 가능하다. 이 과정에서 기본운임은 대중교통 이용수단 중 최고액을 한 번 내고 거리운임을 추가로 낸다. 예를 들어 경기버스(기본운임 1450원)→GTX(기본운임 1250원)→수도권전철(기본운임 1400원)

로 세 차례 환승 이동하는 경우 경기버스 기본운임만 내고 나머지는 이동수단별 거리운임만 낸다. 특히 GTX-A와 앞으로 건설되는 B·C노선 간 환승은 무료다. 다만 SRT, KTX 등 고속철도와는 환승 할인이 연계되지 않는다.

일각에서는 GTX 사업이 성공하려면 요금제를 더 다양하게 만들고 출퇴근 시간대 할인 방안 등을 검토해야 한다는 지적도 나온다. 일본에서는 수도권 통근열차 요금이 1만2000원에 달하지만, 이용자 부담을 줄이기 위해 정부나 직장에서 교통비를 부담한다. 국토부도 중앙정부와 지방정부가 재정을 분담해 비슷한 요금 체계를 내놓을 방침이다.

남양주~잠실 잇는 8호선 연장

GTX-A를 제외하면 수도권에서 가장 주목받는 전철노선은 별내선이다. 정확히는 지하철 8호선 연장선으로, 8호선 암사역부터 남양주 별내별가람역까지 잇는다.

이 노선은 남양주 일대 신도시에 거주하는 주민들에겐 꼭 필요하다. 남양주시에는 경의중앙선과 경춘선이 지나가지만 모두 가로 방향으로 돼 있어 서울은 강북 지역만 연결이 가능했다. 별내선은 세로로 뚫리는 노선이기 때문에 서울 강동

8호선 별내선 연장 노선도

별가람역(벌내별가람)
제4차 국가철도망 구축계획에 따라
8호선 환승에 확정

별내역

진건역(다산)

구리도매시장역

구리역

토평역

선사역

암사역

천호역

이나 송파, 나아가 강남 일대로 진입하는 데 큰 도움을 줄 전망이다. 실제로 현재 별내역에서 잠실역까지 지하철을 이용하면 50분가량 걸린다. 하지만 별내선이 뚫리면 소요 시간이 27분으로 줄어든다.

일각에선 별내선 개통과 함께 구리시의 가치가 올라갈 수 있다는 전망도 나온다. 구리는 서울과 붙어 있다는 장점에도 불구하고 교통 여건이 좋지 않아 저평가된 측면이 많았다. 실제로 별내선 3개 역사

가 구리시를 관통한다.

또 이 노선에 버스로 접근이 가능한 서울 고덕신도시도 일정 부분 수혜를 볼 수 있다는 분석이 많다.

이 노선은 원래 2023년 9월 개통이 예정 돼 있었다. 하지만 여러 이유로 2024년 6월로 일정이 밀린 상태다.

홍성까지 연결되는 서해선…
평택·화성 등 수혜

서해선은 2018년 6월 소사~원시선이 가장 먼저 개통됐다. 그러다 2023년 6월 대곡~소사선이 뚫리면서 일산까지 노선이 연장됐고, 연말에는 원시역에서 남쪽으로 2정거장 아래인 송산역까지 또 길어진다. 현재 서해선 전철 운행 노선의 북쪽 끝이 일산이라면, 남쪽 끝은 화성 남양신도시가 되는 셈이다.

2024년에는 서해선을 충남 홍성까지 잇는 홍성송산선이 개통된다. 당초 개통 예정 시기였던 2023년 12월보다 6개월 정도 밀릴 가능성이 높다.

여기에 국토부는 지난해 '제4차 국가철도망 계획'에 반영된 사업 중 서해선~경부고속선 연결선의 사전타당성조사를 추진한다고 밝혔다. 서해선~경부고속선 연결선은 평택 청북면 부근 서해선과 화성 향남읍 부근 경부선까지 약 6.7km 구간을 직결하는 사업으로 2028년 준공될 예정이다. 서해선 복선전철이 개통되고, 경부선고속철도 직결 공사까지 끝나면 서해선 KTX가 가능하다.

이 사업이 완료되면 평택, 아산, 당진, 홍성 등에서 서울까지의 이동 시간이 대폭 줄어들 전망이다. 서해선 안중역(2024년 6월 개통 예정)이 지나는 서평택 안중읍에서 서울역까지는 현재 버스, 전철 등을 이용해 1시간30분 이상 소요된다. 하지만 서해선과 경부선이 직결되면 환승 없이 30분대에 이동할 수 있고, 약 2시간이 걸리는 홍성~서울 구간도 40분대로 대폭 줄어들 것으로 보인다.

서해선이 중요한 것은 교통이 낙후된 것으로 유명한 경기·충청권 서해안 지대 가치를 재조명해주기 때문이다. 경기도 평택과 화성, 충남 당진과 홍성 등이 대표적인 수혜 지역으로 꼽힌다.

부전마산선, 창원과 부산 통근도 가능

부전마산선은 수도권 철도는 아니지만 지방에선 꽤 의미가 있는 철도다. 경상남도 창원과 김해, 부산광역시를 잇는다. 지금도 이 세 도시를 연결하는 '경전선'은 있다. 하지만 밀양 삼랑진까지 올라갔다 내려가는 노선이어서 시간이 오래 걸린다는 단점이 있었다.

서해선 서화성 남양 연장 노선도

부전마산선은 부산과 김해, 창원을 직선으로 이어 이 문제를 해결해준다. 창원중앙역에서 환승하면 마산역(경전선)에서 부전역까지 38분이면 도달 가능하다. 1시간20분이 훌쩍 넘던 기존 노선과는 천지 차이인 셈이다. 비싼 요금(6200원 예상)이 문제지만, 마산에서 부산으로 철도로 출퇴근하는 것도 불가능하지 않다. 특히 이 노선이 지나가는 부산 · 창원 · 김해 세 도시의 인구만도 약 486만명이라

부전~마산 복선전철 노선 ——— 기존 노선

지역 주민들의 기대가 상당하다.

국토부는 마산~부전 구간에 KTX-이음 열차를 투입한다는 계획도 갖고 있다. 이렇게 되면 부전~울산 구간을 운영 중인 동해선 광역철도와도 시너지 효과가 기대된다. 최근 이슈인 부울경(부산·울산·경남) 클러스터를 탄생시킬 기반이 만들어지는 셈이다. 이 노선은 원래 2021년 개통될 예정이었지만 2020년 낙동강 구간에서 붕괴 사고가 일어나 일정이 밀렸다. 현재로선 2024년 상반기께 개통할 가능성이 높다.

이 밖에 포항~동해(172.8km) 구간을 전철화해 개통하는 동해선도 영덕·울진 등 동부 해안가 지역의 접근성을 크게 개선한다. 또 대구도시철도 1호선은 안심역에서 하양역까지 구간이 연장된다.

수익형 부동산의 종말?

KB국민은행은 2023년 10월 11일부터 주택담보대출 혼합(고정), 변동금리를 0.1~0.2%포인트 인상했다. 가입 후 5년간 고정금리가 적용된 뒤 6개월 주기 변동금리로 바뀌는 혼합형 주택담보대출 금리는 연 4.24~5.64%에서 연 4.34~5.74%로 0.1%포인트 올랐다. 가입 후 6개월 단위로 금리가 바뀌는 변동형 주택담보대출 금리도 연 4.24~5.64%에서 연 4.44~5.84%로 0.2%포인트 인상됐다. 우리은행도 주담대 혼합(고정), 변동금리를 0.1~0.2%포인트씩 올리기로 했다.

대출금리가 뛰면서 실수요자 이자 부담도 계속 커질 전망이다. 금융당국 대출 규제에도 가계대출 규모는 연일 증가하는 추세다. 2023년 9월 말 기준 시중 5대 은행의 가계대출 잔액은 682조3294억원으로 8월(680조8120억원)보다 1조5174억원 증가했다.

고금리 여파로 가계대출 부담이 커지면 당장 부동산 시장에 악영향을 미친다. 임대 수익이 급등하는 대출 이자를 못 따라가다 보니 상가 같은 수익형 부동산부터 타격을 입게 된다.

상가시장은 코로나19가 대유행했던 3~4년 동안 정부 주도의 강도 높은 사회적 거리두기 규제 때문에 상권 쇠퇴, 매출 감소, 공실 증가, 자영업자 줄폐업이라는 사상 초유의 암흑기를 피할 수 없었다. 2023년 들어 위드코로나가 본격화하면서 상가 시장도 조금씩 활기를 되찾는 모양새다. 다만 코로나19 팬데믹 이후 회복되는 속도가 매우 느린 데다 '될 놈만 되는' 양극화가 이뤄지고 있는 게 특징이다.

될 놈만 되는 수익형 부동산

상가 시장의 활성화 정도를 객관적으로 알 수 있는 지표 중 하나로 투자수익률이 있다. 한국부동산원의 상업용 부동산 임대동향조사 자료에 따르면 전국 소규모 상가의 투자 수익률은 2023년 2분기 기준 0.66%를 기록했다. 1분기(0.58%) 대비 소폭 올랐지만 2022년 2분기(1.43%)와 비교하면 절반 이상 줄었다. 서울만 놓고 봐도 소규모 상가 투자 수익률은 2분기 기준 0.57%로 1년 전(1.61%)보다 급격히 감소했다.

중대형 상가도 상황은 크게 다르지 않다. 전국 2분기 기준 중대형 상가 투자 수익률은 0.73%로 1년 전 2분기(1.59%) 대비 반 토막이 났다. 서울 지역 중대형 상가 투자수익률도 같은 기간 1.77%에서 0.75%로 급감했다.

상가 시장의 또 다른 지표 중 하나는 공실률이다. 공실률도 상황은 좋지 않다. 전국 상가 공실률은 중대형 상가가 13.5%로 전 분기 대비 0.2%포인트, 소규모 상가는 6.9%로 0.1%포인트 상승했다. 수익은 떨어지고 공실은 늘고 있는 셈이다.

그런데 데이터를 더 자세히 뜯어보면 한 가지 특징이 있다. 지역별 양극화를 넘어 세분화가 진행되고 있다는 사실이다.

일례로 같은 서울 핵심지라도 도심과 강남의 차이는 제법 커 보인다. 서울 도심의 집합 상가 공실률이 11.0%, 중대형 상가는 15.3%, 소규모 상가는 8.8%인 반면, 서울 강남의 경우 집합 상가 공실률이 5.4%, 중대형 상가는 8.0%, 소규모 상가는 0.9%다. 같은 서울 강남(광역상권)일지라도 좀 더 좁게 들여다보면 또 다르다. 강남의 하위상권인 압구정의 경우 집합 상가 공실률이 1.8%, 중대형 상가 공실률 역시 3.5%에 불과했지만, 논현역의 경우 집합 상가는 10.2%, 중대형은 17.1%에 달했다. 같은 서울, 같은 강남이라도 상가 시장의 온도 차는 확연했다. '될놈될(될 놈만 된다)'이라는 상가 시장 세분화 트렌드가 확연히 보인다.

이 같은 경향은 요즘 새로운 수익형 부동산으로 뜨는 지식산업센터에서도 확인된다. 지식산업센터는 금리 인상으로 인한 수익률 하락과 경기 침체, 공급 과잉 등이 겹치며 투자 매력도가 떨어졌다는 평가가 많다. 수도권에서도 기업들이 모여드는 곳은 지식산업센터 시장 전반이 좋지 않아도 살아남을 수 있다는 분석이 나온다. 실제로 요즘 '핫한' 성수동의 새 지식산업센터는 경기 침체 등의 영향에도 불구하고 꾸준히 높은 가격에 거래되고 있다. 2023년 m^2(전용면적 기준)당 높은

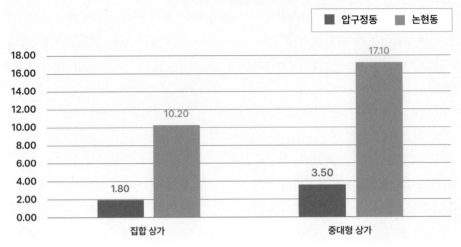

같은 강남이라도 차별화되는 상가 공실률

단위: %

■ 압구정동 ■ 논현동

*2023년 2분기 기준

자료: 한국부동산원

가격에 팔린 지식산업센터를 보면 상위 10곳 중 8곳이 서울 성동구 성수동 물건이었다.

콘텐츠가 있어야 살아남는다

그렇다면 수익형 부동산 매력이 심하게 떨어지는 와중에도 살아남을 수 있는 곳은 어떤 특징을 갖고 있을까. 일단 위에서 얘기했듯 가장 먼저 떠오르는 것은 입지다. 유동 인구가 모일 수 있는 입지를 갖춰야 '수익형 부동산 세분화' 시대에 생존 가능하다.

코로나19 장기화 및 고금리에 따른 가처분소득 감소로 소비심리가 크게 위축된 가운데 기존의 거리상권은 침체의 늪에서 허우적거리고 있다. 반면 골목상권 중에서도 경쟁력 있는 콘텐츠를 보유했다면 핫플레이스가 돼 수많은 사람들의 환대를 받고 있다.

대표적인 사례로 서울 종로구 익선동 한옥마을 상권을 들 수 있다. 익선동 한옥마을은 전통과 상권이 한데 어우러져 과거와 현재가 공존하는 곳으로 유명하며, 10·20대부터 30·40대, 50·60대에 이르기까지 전 연령층에서 선호한다. 서울 종로구 도심 한복판에서 100년 된 한옥

마을을 구경할 수 있고 퓨전식으로 개조된 카페, 음식점, 각종 숍들이 상당수 자리 잡고 있어 매력적이다.

지식산업센터의 경우에는 주변 산업 분포가 중요하다. IT·엔터테인먼트 등 미래 한국을 이끌어갈 먹거리로 손꼽히는 업종을 품고 있는 곳이 유망하다. 지식산업센터는 입주 기업 수가 많을수록 비즈니스 인프라를 형성하고 공유하는 등 기업 간 시너지 효과를 기대할 수 있어 수요가 탄탄한지 꼭 체크해야 한다.

MZ세대를 잡아라

수익형 부동산의 흥망성쇠는 주요 소비층을 얼마나 많이, 또 얼마나 안정적으로 확보하느냐에 달려 있다. 이들의 구매력이 상권과 연결되고, 상권의 활성화 정도에 따라 수익형 부동산의 폭발력이 결정되기 때문이다. 코로나19 팬데믹 이후 대한민국의 상권을 쥐락펴락하고 있는 존재는 다름 아닌 10~30대 연령층으로 구성된 MZ세대다.

실제로 이들은 핫플레이스를 찾아 대한민국의 곳곳을 돌아다녔으며, 없는 상권을 만들거나 미약한 상권을 확장 강화시키기도 했다. 대표적인 사례로 '힙지로 상권'을 들 수 있다. 사실 힙지로 상권은 MZ세대가 찾아오기 전까지만 해도 인쇄소, 조명가게, 공구상, 음식점 등이 혼재된 그저 평범한 도심지 뒷골목 상권이었다. 하지만 MZ세대를 붙잡고 난 뒤부터는 새로 생긴 가게만 해도 수백 개에 달할 정도로 제대로 뜬 유명 상권이 됐다.

반면 MZ세대의 철저한 외면으로 상권이 급격히 쇠퇴하면서 고전하고 있는 곳도 적지 않다. 전통시장, 대학가, 아파트단지, 오피스타운 등을 중심으로 구성된 기존 상권의 경우 경기 침체와 맞물려 공실이 꾸준히 늘고 있는 실정이다. MZ세대를 잡은 상권과 그러지 못한 상권 간의 갭은 앞으로 시간이 흐를수록 더욱 커질 전망이다.

지식산업센터도 MZ세대의 선호를 얼마나 받느냐에 따라 수익성에 큰 차이가 날 전망이다. 이들의 키워드는 '편의성'이다. 과거 지식산업센터들은 물류가 많은 제조형 위주로 튼튼한 하중 구조 설계, 넓은 화물 데크, 폐쇄적 외관의 특징을 갖춘 형태가 많았다. 이후 제조형보다 업무형 비중이 높아지는 가운데 개방적인 외관, 회의실, 옥상정원, 넓은 주차 공간 등 부대시설 및 휴게시설이 갖춰진 형태가 등장했다. 요즘엔 드라이브 인, 도어투도어 시스템 등 특화 설계를 갖췄는지가 기업들의 입주 여부를 결정짓는 주요 요소로 떠올랐다는 전언이다. MZ세대가 무엇보다 '인테리어'를 중요하게 여기기 때문이다.

변하는 트렌드에 민감해야

코로나19 팬데믹 이후 지금까지도 전통상권(가두상권)은 소비층의 구매력 감소로 곤란을 겪고 있는 반면, 트렌드 리딩 상권(익선동 상권, 힙지로 상권, 열정도 상권, 망리단길 상권 등)은 최신 트렌드와 이색적인 경험을 추구하는 MZ세대에 힘입어 나름 호황을 누리고 있다. 트렌드는 단순히 유행하다 소멸되는 일시적인 현상이 아니다. 시대의 전환기에 소비 행태가 달라지는 방향을 확인하고 미래의 변화 형태를 가늠하는 척도로도 볼 수 있다. 실제로 트렌드 리딩 상권에 입지한 점포의 경우 임대료 하락은커녕 상승으로까지 이어지고 있다. 대한민국 최대 소비층이라고 말할 수 있는 MZ세대의 경우 최신 트렌드에 관심이 많고, 이색적인 경험을 중시하는 세대인 만큼 쇠락하는 전통상권보다는 그들이 선호하는 트렌드 리딩 상권에 투자하는 편이 좋아 보인다. 한편 무인화도 수익형 부동산에 투자할 때 꼭 눈여겨봐야 할 트렌드다. 경기 침체가 최저임금 상승에 따른 인건비 부담과 겹치면서 그 해결 방안으로 떠올랐기 때문이다. 무인 점포는 그 유형도 매우 다양한데, 아이스크림, 스낵, 신선식품, 편의점, 노래방, 빨래방에서부터 사진관, 세차장, 성인용품점, 모텔에 이르기까지 각양각색이다. 코로나19 팬데믹 이후 급격히 늘어난 무인 점포가 이제는 상권 트렌드로 완전히 자리한 모양새다. 점포의 무인화는 이제 거스를 수 없는 추세가 됐다.

최근 부동산 업계에서 주목받는 공유형 개인 창고, 이른바 '셀프 스토리지(self storage)'도 비슷한 맥락에서 해석할 수 있다. 도심 내 건물이나 지하철 역사 내

셀프스토리지

자투리 공간을 활용해 캐비닛 또는 부스 형태의 창고를 만들어, 매달 일정 금액을 받으며 개인에게 빌려주는 사업 형태다. 좁은 집에 살림살이가 많아 골머리를 앓는 사람들에게 반응이 좋다. 최근 공실 문제로 속을 끓이는 건물 주인에게도 공유 개인 창고는 쏠쏠한 수익 모델이다.

한국에선 아직 도입 초창기지만 개인 공유 창고는 해외에선 이미 보편적 서비스로 자리 잡았다. 맡기는 물건도 개인 짐부터 요트, 캠핑카처럼 비싼 가격에 크기가 큰 물건까지 다양하다. 리서치 기업 슈타티스타에 따르면 미국의 경우 연간 약 40조원, 일본도 연간 약 6400억원 규모의 시장을 형성하고 있다.

수익형 부동산의 투자 문법은 과거와는 완전히 바뀌어야 한다. 서울 · 수도권은 땅값이 오르기 때문에 매매 가격이 같이 뛰고 적정 임대수익을 확보하기 위해선 임대료를 올려야 한다. 예전처럼 싼 임대료만 내세워서는 임차인을 유인하기 쉽지 않다는 뜻이다. 상가 등 투자가 무조건 '황금알을 낳는 거위'이던 시절은 지났다.

〈도움= 이동현 하나은행 부동산자문센터장〉

서울 대개조 20년,
부동산 투자지도

서울시가 2023년 말부터 굵직굵직한 개발계획을 쏟아내고 있다. '2040 서울도시기본계획(2040 서울플랜)'과 '그레이트 한강 프로젝트' 등 서울시가 앞으로 추진할 각종 개발계획의 지침이 되는 최상위 공간 계획이 즐비하다.

이에 맞춰 오세훈 서울시장의 행보도 바빠지고 있다. 2023년 말부터 2024년 6월 사이에 영국, 독일, 프랑스, 스페인, 일본 등을 돌아다니며 서울시 개발계획의 벤치마킹 대상이 될 공간을 계속 찾는 모습이다. 서울시가 발표했던 공간 계획과 오 시장이 방문했던 해외 도시 공간을 맞춰 보면 최소 20년 서울이 어떤 방향으로 변할지에 대한 대략적인 청사진까지 그려볼 수 있다. 매일경제신문이 오 시장과 서울시의 그간 행적을 분석한 결과, 서울 대개조 프로젝트의 핵심은 △광화문·여의도·강남 등 3도심 재개발 △한강 수변 공간 재편 △도로·철도 입체화 등으로 요약됐다.

도시계획이 진행되면서 유망 투자처에 대한 관심도 높아진다. 서울 부동산 투자에 관심 있다면 도시계획과 관련이 깊어 입지 가치에 변화가 생길 가능성이 높은 세운지구나 여의도 재건축 단지, 성수동과 서초동 일대 등을 눈여겨볼 만하다.

광화문 일대,
녹지와 어우러진 고층 빌딩으로

서울시는 2040 서울플랜에서 "중심지를 미래 성장 거점으로 혁신하겠다"고 발표했다. 광화문, 여의도, 강남 등 이른바 서울 3도심에 개발 여력을 집중하겠다는 뜻으로 해석된다. 현재 서울의 뼈대는 1966년 서울도시기본계획에 등장한 개

오세훈 시장의 서울 대개조 방향

한강수변공간 재편

여의도, 상암 등

한강 일대 환경 정비
문화·관광시설 강화

독일 함부르크 하펜시티
싱가포르 마리나베이
영국 런던 템스강변

여의도 재건축단지

서울 도심 정비

광화문, 시청

건물 높이 제한 완화
저층부에 녹지 공간

일본 도쿄 마루노우치

세운지구

구분

대상 지역

내용

해외 사례

눈여겨볼 투자처

철도, 도로 입체화

강변북로, 경부고속도로 등

주요 도시계획시설
지하화 혹은 데크화

프랑스 파리 리브고슈
일본 도쿄 메구로공원
스페인 마드리드 리오공원

성수동, 서초, 반포 일대

영국 런던 템스강변

프랑스 파리 리브고슈

념을 그대로 사용하고 있다. 1960~1970년대 형성된 서울 3도심이 뉴욕, 도쿄, 런던 같은 글로벌 대도시와 경쟁할 만한 능력을 갖추고 있는지에 대한 비판이 끊임없이 제기되는 상황이다.

오 시장은 특히 3도심 중에서도 광화문·시청을 중심으로 한 서울 역사도심에 상당한 신경을 기울이고 있다. 이 일대는 용지 내 건축물의 면적(건폐율)을 줄이는 대신 저층부에 녹지와 개방형 공공 공간을 만드는 방향으로 개발될 가능성이 높다. 다만 높이 제한은 완화될 가능성이 크다. 실제로 서울시는 4대문 안 상업지역 건물의 고도제한을 최고 90m

에서 110m로 상향 조정하는 방안을 검토 중이다.

현행 서울도심 기본계획안은 상업지역에 따라 30m, 50m, 70m, 90m 이하를 최고 높이로 두고 제한한다. 새 계획에서는 △공공 공간 확보(녹지 등) △역사 및 지역 특성 강화 △경제 기반 강화 △저층부 활성화 등에 대해 높이 완화 인센티브를 제공한다. 경관보호지역(30m)은 10m 이내 완화를, 경관관리지역(50m, 70m, 90m 이하)은 20m 이내 완화를 부여할 방침이다. 다만 4대문 안이라도 주거지역 등은 기존 용적률과 용도지구 및 지구단위계획을 고려해 설정된 계획 높이를 따른다.

오 시장이 2023년 6월 도쿄 출장 당시 방문한 마루노우치지구가 이 같은 개발 콘셉트를 갖고 있다. 도쿄역과 고쿄(皇居·일본 천황과 가족들이 사는 궁) 사이에 있는 마루노우치지구는 오랫동안 개발이 더뎠지만 2000년대 들어오면서 민관 합동 개발이 활발히 이뤄지고 있다.

이 지역은 특히 개발 사업성을 높이고자 민간 건물 높이 제한을 없애고 용적률을 1000% 이상으로 대폭 올렸다. 그 대신 건폐율을 줄이고 건물 1~2층을 녹지가 조성된 공개 공지로 만드는 조건이 붙었다. 이 같은 개발 과정을 거쳐 마루노우치지구는 초고층 건물이 줄지어 있음에

도 시민들이 녹지 공간을 누리며 마음껏 보행할 수 있는 환경이 됐다.

서울시는 마루노우치 개발 콘셉트를 우선 종묘 앞 세운지구 일대에 적용할 계획이다. 4대문 안 서울 역사도심 중에선 개발 속도가 가장 빠르다는 뜻이라 부동산 투자자라면 눈여겨볼 만하다. 세운지구 일대에 들어서는 고층 건물의 저층부에 녹지 공간을 만들고 지하는 지하철역으로 연결된 공간을 조성하는 대신 용적률을 올려주는 것이 핵심이다. 서울시는 여기서 더 나아가 궁궐 주변 건물 높이 규제를 완화하는 방안을 문화재청 등 유관 기관과 논의 중이다.

문화·관광 중심지로 탈바꿈하는 한강

오 시장의 '서울 대개조' 중 가장 중요한 비중을 차지하는 것이 바로 한강이다. 서울 3도심 중 하나인 여의도는 물론 상암·마곡·성수 등 개발계획이 모두 관련이 깊다. 이들은 현재 서울시 안에서도 개발 속도가 가장 빠른 것으로 평가받는 지역이다. 2040 플랜에 '수변 중심 공간 재편'이 목표로 제시됐고, 서울시가 이어 한강 일대를 문화·관광 중심지로 만드는 '그레이트 한강' 프로젝트도 발표했다. 실제로 오 시장의 취임 이후 출장지를 보면 한강 수변 공간을 어떻게 만들지

에 대한 고민을 상당히 많이 하고 있다는 게 느껴진다.

한강 수변 공간을 재정비하는 작업의 핵심은 근처 기존 랜드마크와의 연계성이다. 단순히 강 주변만 꾸미는 데 그치지 않고 주변 지역과의 조화를 중시하는 셈이다. 싱가포르 마리나베이나 영국 런던 템스강변 등이 비슷한 콘셉트를 적용했다. 마리나베이의 경우 기존 랜드마크인 멀라이언파크와 마리나베이를 개발하며 만든 마리나베이샌즈, 에스플러네이드가 삼각 구도를 이루고 있다. 세 랜드마크는 걸어서 30분 안에 이동이 가능하다. 런던도 빅벤과 웨스트민스터 사원을 끼고 템스강 건너편에 가장 중요한 핵심 시설인 런던아이를 배치했다.

서울시가 최근 발표한 계획에서도 이 같은 경향이 확인된다. 상암동 일대에 들어설 '서울링'은 근처 하늘공원·월드컵공원은 물론 한강 건너편 마곡지구와의 연계성을 염두에 두고 건설 계획을 짜고 있다. 제2세종문화회관 등을 지을 여의도 재마스터플랜도 마찬가지다.

서울 전역 61개 하천을 지역과 시민의 생활 중심으로 만드는 수변 중심의 공간 재편도 이뤄진다. 61개 하천 등 물길과 수변 일대 명소를 조성하고 사람들이 모여들 수 있도록 보행, 대중교통 등 접근성

을 높인다는 것이다. 우선 중랑천, 안양천, 탄천, 홍제천 등 '한강 4대 지천'이 시범사업 대상지가 될 것으로 보인다. 서울시는 이 작업을 수행하기 위한 별도 조직을 새로 만드는 방안도 추진 중이다. '하펜시티 유한책임회사'가 30년 동안 이끌고 있는 독일 함부르크 하펜시티 프로젝트처럼 수변 공간 개발을 이끌 핵심 주체가 필요하다는 인식 때문이다.

철도 도로 입체화 본격 추진

서울시가 개발 마스터플랜을 만들며 가장 신경 쓰는 공간이 기존 3도심과 한강 일대라면, 가장 역점을 둔 개발 콘셉트는 철도·도로 등 도시계획 시설의 입체화다.

도시계획 시설 입체화는 △기존 시설 존치+하부 개발 △기존 시설 존치+상부 개발 △기존 시설 데크화+상부 개발 △기존 시설 지하화+상부 개발 등 크게 4가지 방법으로 분류된다. 철도·도로 입체화라고 하면 대개 '지하화'만 떠올리지만 다양한 방법이 존재하는 셈이다.

서울시는 '지상철도와 도로 지하화' 등을 통해 지역끼리 연결성을 높이고, 다양한 도시 기능을 제공할 새로운 공간을 확보할 방침이다. 마포구 주민들의 뜨거운 호응을 받았던 '제2의 경의선 숲길'도 탄생

서울 정비 예정(가능) 구역

할지 주목된다.

실제로 서울시 도시계획국은 경부선, 경인선, 경의선, 경원선, 경춘선, 중앙선 등 국철 지상 구간 71.6km의 지하화를 위해 필요한 제도 등을 2022년 연구했다. 앞으로는 국토교통부와 협의를 거칠 예정이다.

간선도로 중에선 강변북로와 경부고속도로 한남~양재 구간이 입체화 대상지로 검토되고 있다. 실제로 국토부와 서울시

는 각자 추진하던 연구용역을 합쳐 협의체를 구성해 이 사업을 본격 검토하고 있다. 사업이 성공만 한다면 성수동 등 강변북로 주변 지역과 경부고속도로와 관련이 깊은 양재·서초·반포가 수혜를 볼 것으로 예상된다.

스페인 리오공원은 오 시장의 구상을 가장 잘 드러낸 해외 사례로 꼽힌다. 리오공원은 2007년 마드리드 만사나레스강 인근의 M30 고속도로를 지하로 재구조

화하고, 상부에 조성된 8km 길이의 대규모 수변 공원이다. 도로로 단절됐던 공간을 수변 공원으로 탈바꿈시켰을 뿐 아니라 지상 교통 문제를 해소한 사례로 꼽힌다. 2013년에 문을 연 도쿄 메구로 하늘공원은 고속도로 대교 분기점을 4층 건물과 연결해 옥상에 조성한 루프형 입체 도시 공원이다. 오 시장은 "서울도 조만간 도심을 관통하는 고속도로를 없애고 중심도, 대심도 터널을 만들어 고속도로를 지하화하는 작업이 진행될 텐데, 인터체인지 부분에서 차가 드나들 때 굉장히 막히는 점을 기술적으로 해결하는 데 좋은 시사점을 주는 것 같다"고 말했다.

수서 등에 산재한 차량기지 입체화 작업은 프랑스 파리 리브고슈가 참고 대상이다. 리브고슈 역시 낙후한 철도 차량기지였지만, 파리시가 철도 상부를 데크로 덮어 공원을 만들고 건물을 세웠다. 서울시는 리브고슈를 벤치마킹해 수서차량기지 등도 철로를 남겨두고 일종의 '뚜껑'을 덮어 그 위에 복합도시를 건설할 계획이다.

한강 이어 남산도 정비…
실현 가능성에는 의문

'서울 대개조' 계획 중 남산 곤돌라 개발 프로젝트는 가장 규모가 작다. 하지만 서울시의 핵심 관광 상품으로 육성한다는 청사진을 갖고 있다. 오 시장의 일본 출장에도 이와 관련한 일정이 포함됐다.

2021년 4월부터 운행을 시작한 요코하마 에어캐빈은 일본의 첫 도시 로프웨이다. 총 길이 1260m(편도 630m), 높이 40m로 사쿠라기초역부터 운가파크역까지 2개 역을 지난다. 정원 8명인 캐빈 36대가 운행 중이며 승차 시간은 5분, 운행 간격은 3분이다. 개업부터 2023년 5월 18일까지 총 이용자 수가 300만명에 달할 정도로 큰 인기를 끌고 있다.

오 시장은 "남산의 새 교통수단인 곤돌라를 구상하는 입장에서 에어캐빈이 궁금했다"며 "주변 경관과 잘 어우러져 남산의 모습을 더 돋보이게 할 수 있는 디자인이 가능하지 않을까 생각했다"고 말했다.

물론 일각에서는 오 시장의 '개발 일색' 계획에 대한 비판도 제기된다. 문화재 주변 높이 제한을 없애기 위한 작업에 착수하고, 재건축을 가로막던 규제들을 하나둘 없애면서 '환경 보존'이 뒷전으로 밀리고 있다는 얘기다. 또 거창한 계획들이 발표되고 있지만 과연 실현 가능한지에도 의문점이 남는다.

역대 최저 출생…
학군지의 미래

"인구도 점점 줄어들고 예전처럼 SKY(서울대·연세대·고려대)를 나와도 취직이 되리라는 보장이 없습니다. 애도 낳지 않는데 '학군'이 대체 무슨 소용이 있나요."

인터넷 부동산 카페에 들어가면 흔하게 볼 수 있는 글이다. 실제로 우리가 집을 선택할 때 중요하게 생각했던 '교육 환경'의 영향력이 인구가 가파르게 줄어드는 미래에도 여전할지에 대해선 의견이 분분하다. 통계청에 따르면 2022년 전국 평균 합계출생률은 0.78명으로 역대 최저치를 기록했다. 이렇게 인구가 급감하고, 학령인구가 눈에 띄게 감소하고 있는데 앞으로 부동산 시장은 어떻게 될지, 바뀌지는 않을지에 대한 궁금증이 많다. '학군지'의 미래에 대한 엇갈린 의견은 팽팽하다. 비관론의 핵심은 학령인구 감

소로 지방부터 초·중·고교와 대학교 폐교가 늘고 있는데 '학군'의 영향력은 작아질 것이라는 의견이다. 그러나 한편에서는 인구가 줄어들수록 학군이 좋은 곳으로 몰리면서 학군지 쏠림 현상은 가속화될 것이라는 반박도 제기된다.

자녀를 낳고 보니 '내 집 마련'이 더 절실?

그렇다면 부동산 시장의 신규 수요층인 3040세대는 '학군지'에 대해 어떤 생각을 갖고 있을까. 이에 대한 답을 찾을 수 있는 흥미로운 보고서가 나와 주목받고 있다.

바로 국토연구원이 발행한 '3040 유자녀가구의 내 집 마련과 출산, 선택기준과 방해요인' 보고서다. 국토연구원은 전국에 거주하는 만 30세 이상~만 49세 이하의 가구 중 만 19세 미만 자녀를 양육

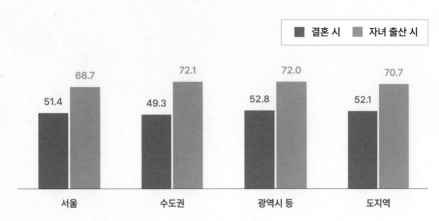

시점별 자가주택 마련 필요성

단위: %

■ 결혼 시 ■ 자녀 출산 시

지역	결혼 시	자녀 출산 시
서울	51.4	68.7
수도권	49.3	72.1
광역시 등	52.8	72.0
도지역	52.1	70.7

하고 있는 3042가구를 조사했다. 조사는 2022년 10월 7~20일 웹과 모바일을 활용해 진행됐다. 응답자의 62.6%가 자가에 거주하고 있었고, 전체 응답자의 77.8%는 아파트에 거주 중이었다.

흥미로운 것은 3040세대의 경우 자녀가 생긴 후 '집이 필요하다'는 인식이 커졌다는 부분이다. 응답자들은 생애 최초 주택 마련 시점을 결혼 전 34.4%, 첫 자녀 출산 이후 29.3%, 둘째 출산 이후 28.7%라고 답했다. 싱글일 때 내 집을 마련한 사람은 응답자의 3분의 1에 불과했고, 나머지는 아이가 하나둘 늘어갈 때마다 내 집을 마련하는 경향이 나타난 셈이다.

이 결과는 아이가 태어난 후 집을 가져야 겠다고 생각하고 집을 산 사람이 늘었다는 사실을 보여준다. 국토연구원 조사에도 내 집을 가져야 한다는 인식은 결혼할 때(51.2%)보다 자녀 출산 이후(71.1%) 상승한다고 나와 있다.

이 같은 경향은 서울보다 수도권과 지방 광역시에서 더 크게 나타났다. 서울은 아무래도 집값이 비싸 자녀를 낳은 후에도 '서울에 집을 사야겠다'는 생각을 하지 못하는 반면, 수도권과 지방에서는 자녀 출산 이후에 '내 집이 필요하다'고 생각한 사람들이 실제로 내 집을 마련한 것이다. 인구절벽에 몰렸다는 위기감과 미래 부동산은 암울하다는 비관적 전망에도 내 자녀는 쾌적한 환경에서 키우고 싶

다는 생각이 강하다는 점을 보여주는 데 이터다.

소득 높을수록 교육 환경 더 따져

이 같은 경향은 소득이 높을수록 더 두드러졌다. 소득이 높을수록 주택을 선택할 때 자녀 교육 여건의 중요도가 높아졌고, 소득이 낮으면 주택 가격의 영향력이 컸다.

예를 들어 소득이 700만원 이상일 때 자녀 교육이 중요하다는 비중은 34.9%로, 주택 및 임차료, 직장 거리, 주거 환경, 양육 도움 등 다른 가치에 비해 압도적으로 높았다. 그런데 소득이 300만원 미만일 때는 자녀 교육보다 주택 및 임차료 (36.0%)가 더 중요한 요인으로 나왔다. 소득이 높은 3040세대는 집을 선택할 때 자녀 교육 환경이 좋은 곳으로 몰리고, 소득이 낮은 집은 자녀 교육보다 주거비를 아낄 수 있는 곳을 선택한다는 뜻이다.

이처럼 소득이 높은 사람들은 교육 환경이 좋은 곳으로 쏠리다 보니, 교육 환경도 양극화가 빠르게 진행되고 있다. 신축 대단지 아파트가 밀집한 곳은 초등학교에서 '과밀학급'이 넘쳐나는데 구도심에서는 초등학생을 못 구해서 폐교하는 사례까지 나온다. 실제로 대구 수성구 범어동과 서울 강남구 대치동 등 일부 '명문 학군지'는 학교에서 '과밀 현상'이 지속되고 있다. 그러나 같은 서울이어도 폐교

주택 선택 요인(1순위)

단위: %

	구분	자녀 교육	주택 및 임차료	직장 거리	주거 환경	양육 도움	자산 가치	기타
	전체	**32.4**	**24.4**	17.1	12.7	9.1	3.9	0.4
지역별	서울	31.5	22.9	20.2	10.1	11.4	3.4	0.5
	인천·경기	29.0	**29.1**	16.6	12.5	7.7	4.7	0.3
	광역시 등	34.4	23.0	16.0	12.8	10.0	3.5	0.2
	도지역	35.5	20.5	16.9	**14.3**	9.0	3.4	0.3
소득별	300만원 미만	27.2	36.0	12.8	11.8	9.0	2.8	0.5
	300만~500만원	29.8	27.8	16.5	12.4	9.5	3.3	0.7
	500만~700만원	34.3	22.4	17.8	12.3	9.7	3.4	0.1
	700만원 이상	**34.9**	17.4	17.5	14.6	9.4	6.1	0.1

주: 1) 3040 유자녀가구 3042가구를 대상으로 함.
　　2) 소득은 무응답 304가구를 제외한 소득 결측이 없는 2738가구를 대상으로 함

되는 곳이 있다. 2023년 초 서울 광진구 화양초는 문을 닫았다. 이 지역에는 음식점이 몰려 있는데, 유자녀 가구들이 옆 동네 신축 대단지로 이사를 가면서 학생 수가 급감했다.

여기서 자녀가 있는 집이 생각하는 '좋은 교육 환경'이 앞으로도 학군지를 뜻할 것이냐에 대해서는 가치관이 달라질 수 있다. 학교 성적도 중요하지만 안전한 동네, 풍부한 학원가, 깨끗한 주거 환경 등 사람들이 중요하게 생각하는 여건은 시간이 지날수록 변할 수 있기 때문이다. 그렇더라도 대체적으로 사람들이 공통적으로 원하는 요소는 유지될 가능성이 높다. 브라운스톤(우석)이 쓴 책 '부의 본능'에 따르면 인구가 감소할수록 '안전한 동네'와 '교육 환경'이 더 중요해진다고 말한다. "집은 무엇을 하는 곳인가? 애 키우고 잠자고 밥 먹는 곳이다. 아이 잘 키우려면 학군이 좋아야 한다. 반드시 학군을 먼저 체크하라. 주변에 술집 있고 오락실 있는 유흥가가 있다면 아이 키우기 힘들다. 대치동이 집값이 비싼 이유 중 하나가 주변에 유흥가와 술집이 없다는 점이다. 집값에 가장 많은 영향을 주는 요소는 바로 교육 환경이다."

집값 비싸다고 학군지는 아냐

학군과 집값이 어느 정도 상관관계가 있다는 것은 부동산 업계에서는 상식으로 통한다. 당장 먹고살 걱정이 많은 사람에게는 자식의 미래보다 현재의 경제적 어

려움이 더 큰 문제이기 때문이다.

그런데 주민의 소득이나 자산이 높으면 사교육비로 지출할 여력이 크다. 자식 교육에 대해 생각할 시간적·정신적 여유도 있다. 이런 이유로 통상 집값이 비싼 동네 중 학군이 좋은 곳이 많다.

하지만 집값과 학군과의 관계를 이렇게 단순하게 생각하면 낭패를 보기 쉽다. 비싸게 내는 집값이 '자녀의 밝은 미래'와 바로 연결되는 것은 아니다. 학군 형성에는 그 지역의 소득이나 자산뿐만 아니라 교육열이라는 변수가 크게 작용한다.

부동산 칼럼니스트 아기곰의 '재테크 불변의 법칙'을 보면 흥미로운 대목이 하나 있다. 집값과 영어·수학 성적에 관한 부분이다. 그의 주장에 따르면 영어 성적은 대개 그 지역 소득과 비례한다. 소득이 높은 지역에는 영어 유치원을 나왔거나 영어권으로 조기 유학·연수를 다녀왔거나 주재원의 자녀인 경우가 많기 때문이다. 쉽게 말해 어려서부터 영어에 직접 노출된 경험이 많았다는 얘기다.

하지만 교육열이 높더라도 소득이 낮은 지역은 책이나 TV를 통한 간접 경험으로만 영어를 접하기 때문에 영어에 대한 공포심을 극복하기 어렵고, 성적도 낮게 나온다. 영어는 학문이 아니기 때문이다.

그런데 수학은 다르다. 수학은 교육과 훈련에 의해 승부가 날 뿐 아니라 지속적으로 꾸준히 공부하지 않으면 쉽게 뒤처지고 한번 뒤처지면 따라잡기 어려운 학문이다. 이 때문에 교육열이 높은 지역이 수학 점수가 높다는 주장이 많다.

그렇다면 교육열이 높은 지역은 어떻게 만들어질까. 공부를 열심히 가르쳐서이기도 하지만, 공부를 잘하는 학생이 이 지역으로 모여들어서 만들어진다. 학군이 좋은 지역에는 근처 또는 학군이 처지는 다른 지역에서 공부를 잘하는 학생이 전학을 올 가능성이 높다. 반대로 성적이 떨어진다면 경쟁을 피해 다른 지역으로 전학을 가게 된다. 이런 과정을 통해 학군이 좋다고 입소문이 나면, 그 지역은 점점 성적이 올라가는 경향이 있다.

결국 학군과 소득이 상관관계가 있는 것은 맞지만 그것만으로 좋은 학군이 만들어지지는 않는다. 해당 지역의 교육열이 뒷받침돼야 좋은 학군으로서 두각을 나타내게 된다. 시간도 오래 필요하다. 이른바 서울의 '3대 학군'으로 불리는 대치동과 목동, 상계동을 살펴보면 이 같은 과정을 모두 거쳤다. 반면 신도시나 재건축·재개발을 통해 최근 10년 사이에 집값이 급등한 지역에서는 학군이 뒷받침되지 못한 곳이 상당수 보인다.

04

제도권 편입 원년,
코인 시장 '질'이 달라진다

코인 시장의 핵으로 부상한
'비트코인 현물 ETF'

2023년 비트코인 가격 흐름은 상반기와 하반기로 나뉜다. 상반기 가격을 좌우한 것은 미국 은행위기발 대안 자산 이슈였다. 실버게이트은행, 실리콘밸리은행, 뉴욕시그니처은행 등의 파산으로 미국 금융 시스템을 둘러싼 우려가 높아지면서 비트코인은 10개월 만에 3만달러를 넘긴 바 있다. 연초부터 6개월간 70%대의 상승률을 기록하면서 상반기 최고의 재테크 자산으로 꼽히기도 했다.

하반기 바통을 이어받은 이슈는 현물 상장지수펀드(ETF)다. 6월 전 세계 1위 자산운용사인 블랙록이 비트코인 현물 ETF를 미국 증권거래위원회(SEC)에 신청하자 기관 투자자들이 대체자산으로 비트코인을 편입시킬 것이란 기대가 높아졌다. 비트코인 가격은 10월 중 3만5000달러까지 올랐고 지금도 상승은 계속되고 있다.

비트코인 현물 ETF가 뭐길래

비트코인 현물 ETF는 비트코인을 기초자산으로 하는 ETF다. ETF는 금, 은과 같은 원자재부터 채권, 개별 주식에 여러 주식으로 구성된 지수상품까지 다양한 자산과 연동된 금융상품으로 주식처럼 시장에서 손쉽게 거래할 수 있다. 비트코인 현물 ETF가 출시된다면 현재 코인거래소에서만 매매할 수 있는 비트코인을 주식 시장에서 주식을 사고파는 형태로 손쉽게 거래할 수 있게 된다.

이는 크게 두 가지 의미를 가진다. 먼저 제도권 진입이다. 별도의 신원인증(KYC), 자금세탁방지(AML) 프로세스를

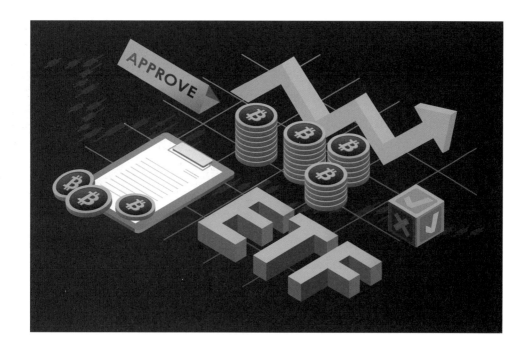

갖추고도 신뢰성을 끊임없이 의심받는 코인거래소를 넘어 전통과 역사를 자랑하는 주식 시장에서 비트코인을 사실상 매매할 수 있게 된다는 것이다. 각종 규제로 막혀 있는 법인의 코인 투자도 ETF를 이용하면 가능하다.

두 번째는 투자자 저변의 확대다. 기존 코인 시장은 코인거래소만을 통해 형성됐지만 현물 ETF가 승인되면 코인거래소 회원뿐만 아니라 주식 시장 참여자 모두가 잠재적인 비트코인 투자자가 된다. 주식을 살 수 있다면 누구라도 ETF를 매수할 수 있기 때문이다.

따라서 여러 금융회사들이 2017년부터 비트코인 현물 ETF의 상장을 신청했지만 번번이 퇴짜를 맞았다. 오죽했으면 2019년 한 매체가 SEC가 드디어 비트코인 현물 ETF를 승인했다는 기사를 만우절 장난거리로 사용했을 정도다. 새해 벽두인 1월에도 아크인베스트먼트가 SEC에 신청서를 제출했지만 거절당했다.

하지만 6월 블랙록이 비트코인 현물 ETF 대열에 합류하면서 승인을 둘러싼 기류가 변화하고 있다. 블랙록은 총 운용 자산이 10조달러(약 1경3000조원)에 달하는 명실상부한 전 세계 1위 자산운용사다. ETF에서는 아이셰어스(iShares)라는 브랜드로 역시 전 세계 세 손가락 안에 꼽힌다.

특히 블랙록은 지금까지 SEC에 576건의 ETF 상장을 신청해 단 1건을 제외한 575건을 승인받았다. ETF 실패 확률이 0.2% 미만인 셈이다. 게다가 과거 코인 관련 ETF를 상장하려고 신청한 사례도 없다. 즉 이번에 비트코인 현물 ETF의 상장을 처음으로 시도하면서 만반의 준비를 하고 나온 것으로 해석할 수 있다.

승인 발목 잡는 문제는 무엇?

그러나 SEC는 블랙록을 포함해 여러 자산운용사들의 비트코인 현물 ETF 상장 신청서에 일제히 퇴짜를 놓았다. 아직까지 주류 금융 시장에 편입될 만한 신뢰를 갖추지 못했으며 조작 우려도 해소하지 못했다는 평이다. 특히 가격 조작 가능성과 현물 ETF에 필수적인 수탁기관의 신용에 의문을 제기하고 있다.

블랙록은 가격 조작 우려를 타개하기 위해 감시공유계약을 제시했다. 감시공유

계약은 2010년 JP모건이 구리 현물 ETF 승인에 나설 당시 동일한 우려를 불식시키기 위해 SEC가 제안한 것이다. ETF 발행사, 거래를 중개하는 거래소, 현물을 관리하는 수탁사가 감시공유계약을 구성하는 세 주체가 돼 시장 상황과 가격 움직임을 공동으로 실시간 조사하고 결과를 공유한다. 이를 통해 현물 시장과 ETF 시장 간 괴리가 발생할 가능성을 낮추고 불의의 시장 충격에 공동 대응함으로써 가격 조작을 방지한다.

당시 JP모건은 SEC의 감시공유계약 제안을 수용함으로써 2013년 구리 현물 ETF가 본격적으로 거래될 수 있는 물꼬를 텄다. 구리 가격은 현물 ETF 상장

비트코인 현물 ETF 신청 현황

상품명	기업	다음 마감기한	최종 마감 기한 (~60일)
아크 21세어스 비트코인 ETF	21세어스, 아크	2024/1/10	2024/1/10
글로벌X 비트코인 트러스트	글로벌X	2024/2/19	2024/4/19
비트와이즈 비트코인 ETP 트러스트	비트와이즈	2024/1/14	2024/3/14
아이셰어스 비트코인 트러스트	블랙록	2024/1/15	2024/3/15
인베스코 갤럭시 비트코인 트러스트	인베스코, 갤럭시	2024/1/15	2024/3/15
발키리 비트코인 펀드	발키리	2024/1/17	2024/3/19
반에크 비트코인 트러스트	반에크	2024/1/15	2024/3/15
위즈덤트리 비트코인 트러스트	위즈덤트리	2024/1/15	2024/3/15
와이즈 오리진 비트코인 트러스트	피델리티	2024/1/15	2024/3/15
해시덱스 비트코인 ETF	해시덱스	2023/11/17	2024/5/30
프랭클린 비트코인 ETF	프랭클린	2023/11/17	2024/5/30

자료: 블룸버그인텔리전스, SEC

이후 급등할 것이라는 시장의 우려와 달리 지속적인 약세를 보이다가 8년 만인 2021년에야 승인 당시 가격을 회복했다. 가격 조작 우려에 감시공유계약이 효력을 발휘했다고 평가할 수 있다.

비트코인 현물 ETF의 감시공유계약에도 이 같은 구도가 그대로 적용된다. 블랙록이 ETF를 발행하고 거래를 중개하는 거래소는 나스닥이 맡는다. 비트코인 현물을 관리하는 수탁사로는 현재 코인베이스가 이름을 올리고 있다. 세 주체는 모두 전통 금융권 기준에 부합하는 신용을 갖춰야 한다. 구리 현물 ETF의 경우 전세계 비철금속 거래의 중심지인 런던금속거래소(LME)가 맡았다.

하지만 비트코인 현물 ETF에서는 수탁사인 코인베이스의 신용에 물음표가 제기된다. 코인베이스는 SEC와 미등록 증권 판매 등을 놓고 법적 분쟁을 진행하는 등 규제기관과 분쟁 상태에 있기 때문이다. 가상자산 수탁 부문에서도 2023년 2월 SEC와 수탁 요건 강화 규칙을 놓고 설전을 벌였다. 게리 겐슬러 SEC 위원장은 과거 전통 금융권이 가상자산 수탁을 맡아야 한다고 밝히면서 블록체인·가상화폐 업체들로 구성된 신생 수탁사들에 대한 불신을 간접적으로 피력하기도 했다. 가상자산 거래 시장에서 코인베이스가 차지하는 비중이 너무 낮다는 것도 문제로 제기된다. 가상자산 거래소를 통해 거래되는 총 거래량 순위에서 코인베이스는 2022년 7월 점유율 11.4%로 4위에 머물렀다. 한국의 1위 가상자산 거래소인 업비트보다도 낮은 순위다. 시장에 영향을 미치는 유동성과 공정 가격 형성을 관리해야 하는 수탁사가 시장을 대표하지 못한다는 것은 상당히 큰 결함이다.

하지만 코인베이스를 대신할 수탁 업체를 전통 금융권 내에서 물색하기 어려운 것이 현실이다. 2023년 9월 유로넥스트 암스테르담거래소에 상장된 비트코인 현물 ETF 상품은 피델리티를 수탁사로 지정하면서 신용 문제를 피해 갔다. 그러나 블랙록이 경쟁사인 피델리티를 수탁사로 선정할 가능성은 낮다. 코인베이스가 법적 분쟁을 빠르게 해소해 신뢰를 회복하면서 시장 점유율을 끌어올려야 수탁사로서 인정을 받겠지만 상당한 시간이 소요될 것으로 보인다.

SEC는 이 같은 문제들을 지적하면서 블랙록을 위시한 다수의 비트코인 현물 ETF 심의를 2024년 1월 이후로 미뤄놓았다. 특히 가격 조작 우려에 대해 감시 공유계약 외에 지리적 특성과 선물 시장 등을 감안한 추가 방안을 모색해줄 것을 시사하면서 심의 통과가 녹록지 않을 것임을 암시했다. 비트코인 선물과 현물 간의 연계는 그레이스케일과 SEC 간 소송에서 법원이 연계성을 인정했음에도 불구하고 다시 딴지를 거는 모양새다.

허용되면 무슨 일이 일어나나

그럼에도 불구하고 비트코인 현물 ETF에 대한 기대는 계속해서 높아지고 있다. 특히 그동안 SEC는 비트코인 현물 ETF의 신청을 무시 또는 회피로 일관했지만 블랙록의 신청을 기점으로 운용사들과 대화에 나선 것으로 관측된다. 겐슬러 위원장은 2023년 10월 중 열린 한 포럼에서 비트코인 현물 ETF 신청서를 검토하고 있다고 밝혔다. 겐슬러 위원장이 ETF의 진행 과정을 직접 밝힌 것은 이번이 처음이다.

이로 인해 빠른 시간 내에 비트코인 현물 ETF 승인이 궤도에 오를 것이라는 전망이 지배적이다. 블룸버그에서는 최근 비트코인 현물 ETF가 2024년 1월 내에 승인될 가능성을 90%로 예상했다. SEC가 제기한 문제들이 여전히 승인의 발목을 잡고 있지만 풀지 못할 난제는 아니라는 평가다. 특히 과거 여러 ETF가 그랬던 것처럼 금융당국과 운용사 간 대화를 통해 문제를 조율할 여지가 높아졌다는 것이 승인 가능성을 끌어올리고 있다.

따라서 비트코인 현물 ETF가 승인되면 또 하나의 우량 투자처가 될 것이라는 장밋빛 전망이 나오고 있다. 현물 ETF 구조상 대규모의 비트코인이 수탁사에 보관되기 때문에 희소성을 높여 가격을 끌어올릴 수 있다는 분석이다. 또 기관을 포함한 다수의 투자자들이 자산 포트폴리오에 ETF로 포장된 코인을 편입시킬 수 있게 됨에 따라 수요도 폭발할 것이라는 전망이다.

ETF 승인 시 유입될 투자 자금에 대한 전망은 다소 엇갈리지만 최소 수백억 달러에 달하는 대규모가 될 것이라는 데는 모두 동일한 목소리를 내고 있다. 코빗리서치센터에서는 ETF가 출시되면 최소 200억달러가 유입될 것으로 전망했다. 블룸버그 소속의 에릭 발추나스 ETF 애널리스트는 비트코인 현물 ETF가 승인될 시 무려 30조달러 규모의 자본이 장기적으로 유입될 수 있다고 밝힌 바 있다.

2024년 비트코인 가격 향방은

ETF 승인으로 대규모 자금이 유입된다면 비트코인 가격을 큰 폭으로 끌어올릴 것으로 전망된다. 2023년 10월 17일 블랙록의 ETF가 승인됐다는 오보가 나왔을 당시 비트코인은 단숨에 10% 가까이 급등한 바 있다. ETF 활성화에 따른 비트코인 현물 수탁 물량뿐만 아니라 기관투자자들의 신규 자금 유입에 대한 기대심리도 한몫할 것으로 보인다.

대형 은행인 스탠다드차타드는 2024년 비트코인 가격이 12만달러까지 상승할 수 있다는 보고서를 낸 바 있다. 비트코인 현물 ETF가 상장되면 그동안 비트코인에 직접 투자하기 어려웠던 기관들이 대거 참여하면서 가격 상승의 촉매로 작용할 것이란 분석이다. 여기에 미국 금융당국의 규제가 계속되면서 시장 불투명성이 개선되고 반감기에 따른 공급이 조절될 거라는 점 등도 가격 상승의 이유로 꼽힌다. 이래저래 2024년에는 비트코인이 강세를 보일 것이라는 전망에 무게가 실린다.

디파이, NFT 이을
차세대 이더리움 주자는

비트코인이 상장지수펀드(ETF)라는 외부 변수로 휘둘리는 와중에 알트코인 진영에서는 디파이, 대체불가토큰(NFT)에 이은 블록체인 킬러 앱을 찾는 노력이 한창이다. 2022년 가상자산 시장에서 디파이는 테라, NFT는 메타콩즈(국내 한정)의 몰락으로 각각 치명상을 입었다. 이들의 뒤를 이어 코인 생태계 확장의 사명을 짊어질 후발 주자로는 현재 두 분야가 가장 유력한 후보로 꼽힌다. 바로 소셜파이와 실물자산(RWA)이다.

블록체인 기반 앱의 신진주자, 소셜파이

소셜파이는 '소셜+파이낸스'의 줄임말로 트위터, 페이스북과 같은 소셜 미디어와 탈중앙화 금융을 결합한 것을 말한다. 소셜 미디어에서 사용자의 참여와 활동으로 만들어지는 가치를 탈중앙화 금융을 활용해 사용자에게 다시 돌려준다는 개

념으로 수립됐다.

소셜파이는 페이스북, 트위터 등 빅테크 기업에 속한 소셜 미디어들이 사용자의 활동으로 만들어지는 가치를 기업들의 몸값을 올리는 데 활용한다는 비판의식에서 출발했다. 초기에는 온라인에서 유통되는 본인 정보를 자신이 직접 제어할 수 있도록 하는 자주적 신원인증(SSI)을 표방한 프로젝트가 많았지만 현재는 활동 자체를 탈중앙화된 플랫폼에서 하도록 지원하거나 트위터 등 기존 소셜 미디어와의 연결을 제공하는 프로젝트들도 등장하고 있다.

소셜파이 중 주목할 만한 프로젝트로는 마스크 네트워크를 들 수 있다. 기존 소셜 미디어인 트위터 사용자를 대상으로 블록체인과 웹3를 연결하는 교두보 역할

소셜파이의 선두 주자인 렌즈 프로토콜

을 하기 위해 고안된 블록체인 프로젝트다. 트위터 창업자인 잭 도시가 설립한 분산형 소셜 네트워크인 블루스카이 프로토콜의 초기 구성원들이 독립해 2019년 7월 출시했다.

트위터 사용자들을 대상으로 탈중앙화한 소셜 메시징, 결제, 파일 저장, 공유 등의 기능을 제공한다. 이를 통해 트위터 활동에 대한 감시 가능성을 낮추고 만들어지는 부가가치를 사용자 본인이 다양하게 활용할 수 있다.

탈중앙화 금융 프로토콜인 아베가 주도하는 렌즈 프로토콜도 소셜파이의 선두 주자 중 하나다. 렌즈 프로토콜은 탈중앙화된 소셜 미디어를 위한 기반 인프라스트럭처를 제공하는 프로젝트다. 소셜 미디어에서 생성되는 사용자 데이터를 탈중앙화한 블록체인 네트워크상에 위치시킴으로써 특정 플랫폼의 독점을 방지한다. 또한 네트워크 간의 연결을 통해 사용자 데이터를 활용함으로써 새로운 형태의 소셜 미디어나 콘텐츠 서비스를 제공할 수 있다.

렌즈 프로토콜은 2023년 6월 IDEO 코랩 벤처스 주도로 1500만달러 규모의 투자를 유치한 바 있다. 이를 통해 트위터, 페이스북과 같은 중앙 집중형 소셜 미디어의 문제를 해결한 웹3 기반 소셜 미디어 생태계를 구축한다는 계획이다. 사용자 인증에는 NFT가 활용되는 등 다양한 블록체인 기술이 총동원된다.

소셜파이는 특히 블록체인의 대중화 측면에서도 크게 주목받는 분야다. 과거 블록체인 기반 게임이 많은 사용자들을 유치할 수 있는 가능성으로 각광받았던 것처럼 소셜 미디어도 틱톡, 인스타그램 등을 통해 수많은 사용자를 확보하고 있기 때문이다. 또 이 미디어들은 각각 가짜

급성장하는 RWA 시장
단위: 조달러

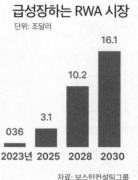

2023년	2025	2028	2030
036	3.1	10.2	16.1

자료: 보스턴컨설팅그룹

RWA 토큰 투자자 수
단위: 명

2022년 7월	2023년 7월
1만7900	4만1300

자료: 바이낸스 리서치·듄 애널리틱스

뉴스나 사용자 정보의 무분별한 유출 등 다양한 문제를 안고 있다. 블록체인이 탈중앙화 구조를 통해 사용자들도 만족할 만한 해결책을 제시한다면 단지 투기 수단으로 머물러 있는 코인과 블록체인 기술의 위상을 대폭 끌어올릴 것으로 기대된다.

자산의 토큰화, RWA

실물자산, 영어로는 'Real World Asset'의 줄임말인 RWA는 사전적인 의미 그대로 실제 세상에 존재하는 자산을 지칭한다. 금, 커피 등 원자재부터 부동산, 채권, 그리고 주식까지 모든 종류의 자산을 망라하는 개념이다. 가상자산 업계에서 일컬어지는 RWA는 이들을 블록체인 기술을 활용해 디지털화하는 것을 말한다. 과거

토크나이제이션이라는 명칭으로 시도된 바 있지만 여러 규제와 기술적 미비 등으로 활성화되진 못했다.

그러나 디파이, NFT의 몰락 이후 가상자산 업계에서는 신뢰를 담보하고 규제에 부합하는 자산으로서 RWA에 대한 관심을 높이고 있다. 실물자산을 다루기 때문에 전통 금융 업계와 협력을 모색할 수 있다는 것이 장점이다. 비트코인이 ETF를 통한 기관 자금 유입으로 주목받는 것과 맥락을 같이한다.

RWA의 대표적인 프로젝트로는 메이커다오를 들 수 있다. 메이커다오는 다이(DAI)로 불리는 담보 기반 탈중앙화 스테이블코인을 발행하는 프로젝트다. 스

테이블코인의 담보로 다양한 자산을 설정하는데 여기에 실물자산을 추가함으로써 RWA에 진출했다.

메이커다오가 담보로 추가한 자산에는 부동산, 매출채권 등이 있다. 2023년에는 여기에 미국 국채에 기반한 상장지수펀드(ETF)도 포함시켰다. 담보 자산에 국채 ETF가 포함되면 이를 담보로 스테이블 코인인 DAI를 대출받을 수 있다. 스테이블코인을 기반으로 하는 탈중앙화 금융에 실물자산인 국채를 활용할 수 있다는 얘기다.

하지만 이 같은 시도는 탈중앙화 금융 중 대출에만 실물자산을 활용한다는 한계가 있다. 이와 별개로 실물자산을 수탁한 뒤 그에 상응하는 증서를 발행하고 이를 토큰화해서 거래하는 프로젝트도 있다. 바로 토큰화 증권이다.

최근 국내에서 금융위원회를 통해 추진이 가시화된 토큰증권이 바로 토큰화 증권의 범주에 포함된다. 금융위 주도로 만들어진 토큰증권 가이드라인은 블록체인 기술에 의한 분산원장을 증권 전자등록계좌부에 추가했다. 분산원장에 의한 증권 발행이 가능하다는 것이다. 여러 기술적 요인과 제도 방안, 산업 진흥책 등이 필요하지만 토큰증권의 활성화로 가는 첫 삽은 떴다고 볼 수 있다.

토큰증권과 RWA는 모두 전통 금융과 연계된 실물자산을 블록체인 네트워크와 연계시키려는 시도다. 탈중앙화 금융이 2022년 테라 사태로 신뢰를 잃었지만 금융 시스템의 혁신이라는 목표는 여전히 매력적이며 유동성 공급을 통한 이자 수익도 프로젝트의 종류에 따라 고수익을 제공하는 형태로 유지되고 있다.

블록체인 킬러 앱이라고 불렸던 디파이, NFT는 사용자 증가와 가치 상승이라는 공통점을 갖고 있다. 소셜파이와 RWA도 두 조건을 만족시켜야 다음 킬러 앱으로 부상할 수 있을 것이다. 그러나 두 서비스 모두 블록체인 네트워크 외부와 밀접하게 연결돼 있어 탈중앙화에 따른 합의가 쉽지 않다는 특징이 있다. 이 문제를 극복해서 메인넷 활성화와 생태계 확장을 이뤄낸다면 코인 시장의 미래를 두 서비스가 새롭게 만들 수도 있을 것이다.

전통 금융과 블록체인 연결, 주목받는 금융 코인들

블록체인 기술로 만들어진 암호화폐, 즉 코인이 지금까지 주목받은 이유는 기존 금융 시스템을 혁신할 것이라는 기대 때문이다. 비트코인이 중앙화된 화폐 발권력에 도전장을 내민 것처럼 다양한 블록체인 프로젝트들이 전통 금융 사업에 다양한 혁신 방안을 제시했다. 여기에는 탈중앙화 금융이 포함된다.

그러나 작년 테라 몰락 사태는 탈중앙화 금융에 대한 신뢰를 무너뜨렸다. 스마트 콘트랙트를 활용해 담보 대출을 시행하고 예치에 대한 이자를 제공하는 것까지는 시스템화할 수 있지만 전체적인 시스템 운영에서는 사람의 개입을 막을 수 없었기 때문이다. 이에 따라 가상자산 업계에서는 기존 금융과의 융합을 통해 신뢰 회복에 나서고 있다.

융합은 크게 두 가지다. 은행의 기존 시스템에 블록체인을 결합해 효율화하는 것과 기존 금융의 영역인 결제에 보다 나은 방식을 제안하는 것이다. 전자에는 체인링크가 선두 주자로 꼽히며 후자에는 리플이 대표적인 프로젝트로 지목된다.

국제 결제망 스위프트에 블록체인 적용

체인링크는 스마트 콘트랙트를 활용해 블록체인 외부에 존재하는 데이터를 블록체인 네트워크 내부에 유입시키는 것이 목적인 프로젝트다. 블록체인은 체인 형태의 데이터 구조를 통해 내부 데이터가 모두 동기화되는데 이럴 경우 네트워크 외부에 있는 데이터를 연결시킬 때 블록체인에서는 발생하지 않는 위·변조 등의 문제가 생긴다. 이를 오라클 문제라고 부른다.

체인링크 개념도

체인링크는 다른 블록체인 네트워크와 외부 데이터 시스템을 탈중앙화한 형태로 연결시키고 자체적으로 검증함으로써 이 문제를 해결한다. 쉽게 말해 데이터를 검증하는 주체를 별도로 둠으로써 위·변조를 방지하고 신뢰도를 부여한다는 것이다. 이를 통해 외부 데이터가 필요한 스마트 콘트랙트도 체인링크를 통해 위·변조 우려 없이 시행할 수 있다.

체인링크는 다양한 종류의 데이터를 외부 블록체인 네트워크에 제공한다. 각 코인의 가격부터 지갑의 예치금 잔액, NFT의 최저가까지 가상자산 시장 자료가 제공된다. 체인링크로부터 데이터를 공급받는 블록체인 프로젝트들은 1000개가 넘으며 전통 금융기관과 회계법인 등도 체인링크의 데이터를 사용한다.

최근 체인링크가 주목하는 분야는 국제 금융망인 스위프트다. 스위프트는 국가 간 금융 결제의 대다수를 차지하는 금융 네트워크로, 그 막강한 위력 때문에 북한, 러시아 등에 경제 제재를 가할 때도 활용된다. 스위프트를 통한 자금 결제나 송금이 막히면 당장 국가 간 결제가 불가능하게 돼 무역을 할 수 없기 때문이다.

하지만 점유율과 오랜 역사만큼이나 송금 비용과 시간이 많이 드는 것으로도 악명이 높다. 이를 단축시킬 수 있는 기술로 주목받는 것이 블록체인이다. 시장분석 기관인 주니퍼리서치에 따르면 국가 간 결제에 블록체인을 도입할 경우 2030년까지 1000억달러를 절감할 수 있을 것으로 추산된다.

리플의 결제망

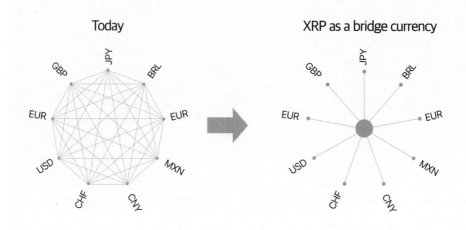

체인링크는 2023년 6월 스위프트와 함께 소속 금융기관 약 12곳을 블록체인 네트워크로 연결하는 테스트를 진행할 것이라고 밝힌 바 있다. 여기에 쓰이는 기술이 체인링크의 크로스체인 상호운용성 프로토콜(CCIP)이다. 체인링크가 데이터 피드를 직접 제공하는 것을 넘어 전통 금융기관들과 블록체인 프로젝트 간에 오라클 문제 없이 데이터를 직접 교환할 수 있도록 하는 기술이다.

전통 금융기관과 블록체인 네트워크가 위·변조 등 신뢰성 문제 없이 데이터를 교환하게 되면 두 사업 모델의 공조가 가능하다. 은행도 블록체인이 주는 이점을 활용해 신뢰 확보에 드는 비용과 운영 비용을 절감할 수 있으며 블록체인, 특히 탈중앙화 금융은 금융권의 신뢰할 수 있는 데이터에 기반한 서비스를 내놓음으로써 운용단에서 발생하는 신뢰 문제를 해소할 수 있다.

다시 뜨는 블록체인 결제 시장

또 다른 분야는 코인을 활용한 결제다. 2009년 비트코인이 등장할 당시 표방했던 것이 교환 수단이었던 만큼 결제야말로 암호화폐가 전면에 내세우는 대표적인 서비스다. 스마트 콘트랙트를 활용한 코인 발행과 자금 조달이 급격히 늘어나면서 결제가 코인 시장의 중심에서 다소 밀려났지만 탈중앙화 금융에 대한 신뢰가 저하되자 다시 주목받고 있다.

결제를 표방한 대표적인 프로젝트가 리플이다. 리플은 앞서 설명한 스위프트의 대체재로 출발한 프로젝트로 스마트 콘트랙트를 활용한 다른 서비스보다 결제 그 자체에 집중하고 있다. 리플이 운영하는 리플넷은 스위프트처럼 국가 간 결제를 지원하며 동남아시아와 남미 등의 다수 금융기관들을 사용 기관으로 포섭한 상태다.

그러나 최근 리플이 주목받는 것은 미국 SEC와의 소송 때문이다. 리플 프로젝트를 시작할 당시 토큰을 판매한 것이 증권법 위반에 해당하느냐로 벌어진 소송은 리플뿐 아니라 코인공개(ICO)로 자금을 모은 다른 블록체인 프로젝트들도 증권법 위반에 해당되는지를 판가름하는 잣대로 해석돼 코인 업계의 초미의 관심사로 부상했다.

리플도 브래드 갈링하우스 최고경영자(CEO) 등 주요 인사들이 소송의 피고가 되면서 사업 자체에만 주력하기 어려운 상황이 됐다. 그러나 일련의 소송에서 리플에 유리한 판결이 나오면서 그동안 결제에 전념하기 어려웠던 문제가 상당 부분 해소된 상태다.

특히 리플, 체인링크 등 기존 금융과 블록체인의 융합을 추진하는 프로젝트들은 각국 금융당국이 추진하는 중앙은행 발행 디지털화폐(CBDC)와 밀접한 관련이 있다. CBDC는 중앙은행이 발행하지만 활용 기술은 블록체인이기 때문이다. 중앙은행의 신뢰성과 블록체인의 장점을 모두 얻는 새로운 디지털 자산으로 꼽힌다.

CBDC 인프라스트럭처가 구축될 경우 기존 금융 인프라의 결제, 송금망에도 블록체인 기술이 접목돼야 한다. 체인링크와 스위프트의 제휴도 CBDC를 염두에 둔 것이며 리플도 2023년 5월 CBDC 플랫폼을 출시하고 협력을 서두르고 있다. 기존 금융기관들의 발 빠른 블록체인 도입 행보로 기존 금융 생태계와 융합되는 프로젝트들이 등장하면서 수혜가 전망된다.

코인은 오르는데
코인 거래소 실적은 왜 적자?

2023년 상반기 코인 시가총액이 큰 폭으로 상승했음에도 불구하고 변화가 거의 없는 지표가 있다. 바로 거래량이다. 가격이 오르는데도 거래량이 뒷받침되지 않자 상승 탄력도 그만큼 제한을 받고 있다. 이는 특히 거래량이 실적과 직결되는 코인거래소들에 치명적이다.

코인거래소들은 2021년 분기별 수천억 원의 이익을 거둘 정도로 큰 성과를 냈다. 하지만 2023년에는 시장 점유율 2위인 빗썸도 분기 실적 적자를 기록할 정도로 부진했다. 코인 시장에서 유통이 차지하는 비중이 막대한 만큼 거래소들은 수수료 무료를 전면에 내세운 점유율 확대와 병행해 투자 정보 고도화, 스테이킹과 같은 금융 성격의 상품 설계 등을 통해 투자 플랫폼으로의 진화를 시도하고 있다.

거래량 가뭄, 실적 악화 '직격탄'

코인 시장의 거래량 감소는 국내뿐 아니라 전 세계적으로 두드러진 현상이다. 2022년 테라 폭락과 전 세계 3위 코인거래소 FTX의 파산으로 코인 시장에 대한 신뢰가 무너지면서 발생한 거래량 급락이 2023년에도 계속되고 있어서다.

실제 거래량만 따져보면 2022년보다 2023년이 더욱 심각한 상태다. 코인마켓캡에 의하면 2022년 3분기 전 세계 코인 거래량(24시간 기준)은 대략 700억달러를 기록했지만 1년 뒤인 2023년 3분기에는 400억달러를 넘지 못하고 있다. 2023년 초 비트코인의 강세에도 불구하고 전체 코인 거래량은 좀처럼 회복되지 않는

올해 3분기 코인 시장 거래량

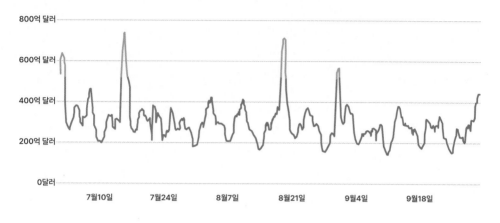

거래량(24시간)

양상이다.

코인 거래량 감소는 코인거래소들의 실적에도 직격탄을 날렸다. 국내 2위 거래소인 빗썸은 2023년 2분기에 34억4160만원 영업손실을 기록해 적자로 전환했다. 3위 거래소인 코인원은 2023년 상반기에 순손실 8억7780만원을 냈다. 업비트, 코빗 등 다른 거래소들도 전년 대비 대폭 부진한 실적을 기록했다.

거래소의 실적 부진은 격세지감을 느끼게 한다. 빗썸의 2021년 영업이익은 7821억원으로 분기별 근 2000억원에 달

했다. 업비트의 운영사인 두나무는 2021년에 영업이익으로 3조2700억원을 기록함으로써 재계를 놀라게 한 바 있다.

점유율 확대 위한 '수수료 무료'

실적 부진의 근원인 거래량 감소를 타개하기 위해 거래소들은 다양한 비책을 마련하고 있다. 이 중 가장 적극적인 곳은 빗썸이다. 빗썸은 2023년 8월 일부 코인에 거래 수수료를 받지 않는 수수료 무료 정책을 도입한 데 이어 10월부터 이를 모든 코인으로 전격 확대하는 결정을 내렸다. 수수료 무료는 전 세계 1위 코인거래소인 바이낸스가 2022년 7월부터 8개월

간 시행하면서 톡톡히 재미를 본 정책이기도 하다.

수수료 무료 정책에 따른 효과는 꽤 극적이었다. 10월 한때 빗썸의 시장 점유율은 30%까지 확대된 것으로 집계됐다. 한 자릿수에 머물렀던 것에 비하면 효과를 톡톡히 본 것이다. 8월에 일부 코인에 대해 수수료 무료 정책을 시행했을 때도 첫 일주일간 앱 총 사용 시간과 인당 평균 사용 시간은 전주 대비 약 20% 늘어난 것으로 집계됐다. 이용자들의 앱 사용 시간이 많아지면서 거래량도 자연스럽게 증가했다는 설명이다.

빗썸에 이어 실명계좌 보유 거래소 중 코빗과 고팍스도 수수료 무료 대열에 합류했다. 코빗은 특히 고유한 정책인 메이커 인센티브를 수수료 무료와 병행하기로 했다. 메이커 인센티브는 코인 매매 시 비어 있는 호가를 제시하는 메이커 주문에 보상을 제공하는 것으로 유동성을 늘리는 효과가 있다. 그러나 거래소는 그만큼의 보상을 제공해야 하기 때문에 실적에는 악영향을 미친다. 그럼에도 불구하고 코빗은 수수료 무료와 메이커 인센티브 유지를 통해 사용자를 늘리고 유동성을 높이는 쌍끌이 전략을 유지하기로 결정했다. 고팍스는 비트코인, 이더리움, 리플, USDC 등 4개 코인을 거래할 시 수수료를 받지 않기로 했다.

거래소들은 코인 투자에 필요한 정보를 제공함으로써 거래량 증가를 유도하는 서비스도 내놓고 있다. 빗썸이 제공하는 '인사이트'가 이에 해당된다. 가상자산 거래 데이터를 가공, 분석하는 서비스로 빗썸 내 대형 투자자들이 사고파는 코인 순위와 인기 검색 순위 등을 알 수 있다. 이를 통해 시장 데이터에 기반한 투자 전략을 수립할 수 있다는 설명이다.

투자 정보 서비스는 다른 코인거래소들에서도 주목하는 분야다. 코인원은 주간 크립토 주요 뉴스와 리서치 정보를 한데 모아 보여주고 있다. 프로젝트에서 직접 제공하는 공시 성격의 정보도 확인할 수 있다. 코빗도 전 세계 1위 코인 정보 사이트인 코인마켓캡과 유사한 형태의 투자 정보 제공 서비스를 운영하고 있다. 업비트에서는 자체적으로 산출한 코인 시장 지수인 UBMI, UBAI를 만들어 공급하며 개별 종목 뉴스와 주간 상승률 등을 가공해 제공한다.

수수료 무료에 따른 수익성 하락 대책 필요

그러나 수수료 무료 정책의 효과에 대해서는 평이 엇갈린다. 코인거래소의 매출에서 수수료가 차지하는 비중은 절대적이다. 거래 수수료가 무료일 경우 코인거래소가 수익을 올릴 수 있는 방법이 전무하게 된다. 바이낸스도 2022년 7월부터 받지 않았던 비트코인 거래 수수료를 2023년 3월부터 다시 받기로 한 바 있다.

특히 국내 코인거래소들은 코인 선물, 옵션과 같은 다른 거래 상품이 없다 보니 사업 다각화도 쉽지 않다. 몇몇 거래소들은 지분증명(PoS) 합의 알고리즘을 사용하는 코인들을 대상으로 예치를 대행하는 서비스를 제공하고 있지만 사업에서 차지하는 비중은 아직 미미하다. 해외 다른 거래소들처럼 블록체인 프로젝트에 투자하는 행위도 국내에서는 금융당국의 눈치를 봐야 해서 이해 상충 등의 이유로 사실상 금지돼 있다.

이 같은 문제를 해결하기 위해 국내 코인거래소들은 디지털 자산 투자 플랫폼으로의 발전을 꾀하고 있다. 투자 정보 제공이 그 첫 단추라는 해석이다. 김남국 의원 투자 논란 등으로 코인에 덧씌워진 사행성 이미지를 탈피하려면 다양한 투자 상품과 서비스 제공이 필수적이다.

플랫폼으로의 발전을 위해 필요한 사용자 확대에도 딜레마는 여전하다. 자칫하다간 거래량 증가로 높아진 운영 부담만 고스란히 감당해야 할 수도 있다. 새로운 수익원이 확보되지 않는다면 시장 독점에 실패한 플랫폼 기업들이 도태된 과정을 그대로 따라갈 수도 있다.

이 같은 수익원 다각화에도 투자 플랫폼으로의 진화가 필수적이다. 투자 전략의 고도화를 통한 프리미엄 서비스 제공 등이 새로운 수익원이 될 수 있다. 빗썸은 VIP 사용자를 대상으로 하는 '클럽B' 서비스를 운영하고 있으며 코인원은 로보어드바이저 기업인 뉴지스탁과 협업해 자동 매매 서비스인 '코인 젠포트'를 제공하고 있다.

기관 투자자의 코인 시장 유입 필요

개인 투자자만 거래가 가능한 코인 시장에 기관 투자자들의 진입을 허용해야 한다는 주장도 거래소 사업의 발전과 맞물려 제기되고 있다. 이는 2023년 8월 개최된 '제1회 MK 가상자산 컨퍼런스'에서도 설파된 바 있다. 개인 투자자들을 대상으로 하는 리테일 중개 서비스만으로는 나

코인 시장의 기관투자자 허용이 논의된 MK 가상자산 컨퍼런스

날이 발전하는 가상자산 금융 산업의 트렌드에 부합할 수 없다는 비판이 주 내용이다. 특히 해외에서도 코인 시장에서 기관 투자자들의 중요성이 계속해서 높아지는 만큼 국내에서도 대비가 필요하다.

2024년 비트코인 현물 ETF가 허용되면 싫든 좋든 기관 투자자들의 코인 시장 진입이 본격화된다. 현재는 개인 투자자들만 코인 거래가 가능하다 보니 주식 시장의 테마주와 같은 일부 알트코인에 거래가 집중되는 부작용이 만연해 있다. 기관 투자자들이 진입하면 코인 시장에 안정적인 자금이 유입되면서 지나친 변동성을 줄임으로써 시장을 안정시켜 결과적으로 거래소의 수익 다각화와 서비스 고도화에도 일조할 것으로 보인다.

토큰증권,
코인만큼 투자 매력 있을까

2023년 초 금융당국의 전격 발표로 공론화된 토큰증권이 코인만큼의 투자 매력을 보여줄지에 이목이 집중된다. 국가 간 경계를 해소하고 자산의 송수신을 용이하게 하는 블록체인 기술을 전폭적으로 수용했기 때문에 코인의 장점도 그대로 물려받을 수 있을 것이란 기대다. 그러나 금융당국의 계획안만 보면 이른바 '한국형' 표준이 등장함으로써 기술의 장점을 제대로 활용하지 못할 가능성도 있다. 코인만큼의 매력도를 갖추려면 국경을 넘나드는 세계화와 함께 탈중앙화라는 가치를 반영할 필요가 있다.

토큰증권, 10년 만에 등장하는 새로운 투자 시장

금융위원회의 금융규제혁신회의를 거쳐 등장한 토큰증권은 블록체인 기술을 활용해 실물 자산을 디지털 토큰화한 것이다. 블록체인 업계에서는 ICO를 통해 발행된 코인이 규제 부재와 이에 따른 투자자 보호 미비로 부작용이 속출하면서 법적 테두리 내에 포함된 증권의 토큰화, 즉 증권토큰 발행(STO)에 관심을 갖기 시작했다. 특히 2018년 이후 ICO로 발행된 코인들의 가격이 폭락하거나 발행자가 코인을 모두 매도하고 잠적하는 사기 사례가 등장하면서 STO가 더욱 주목받았다.

해외에서 거론되는 증권토큰(ST)과 국내 토큰증권은 증권의 토큰화라는 점에서는 동일하지만 세부적으로 몇 가지 차이를 보인다. 증권토큰은 민간에서 기술 개발과 그에 따른 표준 수립의 관점에서 정립된 개념이기 때문에 운영에 대해서

주요 토큰증권 후보 자산

부동산 조각투자

관련 회사: 카사, 소유, 펀블 등
수익률: 12~14%

예술품 조각투자

테사, 소투, 아트앤가이드 등

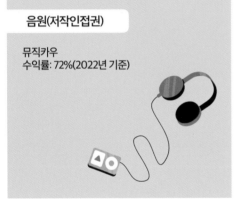

음원(저작인접권)

뮤직카우
수익률: 72%(2022년 기준)

크라우드펀딩(증권형)

와디즈, 크라우디 등

는 각국의 증권 관련 법안을 준수하는 것 이외에 따로 정의하지 않는다. 하지만 토큰증권은 발행, 유통과 관련해 국내 자본시장법과 증권법, 그중에서도 전자증권법과 밀접한 관련이 있고 또 해당 법안의 개정을 필요로 한다.

이 중 주목해야 할 차이점은 두 가지로 정리할 수 있다. 먼저 발행인 계좌관리기관의 신설이다. 전자증권법에 따라 금융사 등으로만 한정된 계좌관리기관의 영역을 발행인이 직접 수행할 수 있도록 규제를 완화한 것이다. 규정된 요건을 갖춘 발행인이 계좌관리기관을 겸해서 금융사 등을 통하지 않고 토큰증권을 직접 발행할 수 있다. 과거 규제 적용 이전의 뮤직카우 등과 유사한 형태다.

두 번째로는 장외거래중개업자의 신설이다. 이 역시 규정된 요건을 갖춘 사업자들이 독자적인 장외 시장을 형성해 토큰증권을 발행, 유통할 수 있도록 규제를 완화한 것이다. 증권의 기존 장내 시장 운영 주체인 한국거래소와 함께 별도의 투자 시장이 형성되는 것은 2013년 코넥스가 출범한 이래 10년 만이라고 할 수 있다.

토큰화 증권으로 앞서나간 독일, 일본

국내에서는 금융당국의 적극적인 도입 때문에 주목받고 있지만 해외에서는 자산의 토큰화라는 측면에서 일찌감치 여러 시도가 진행되고 있다. 이 중 독일의 사례가 주목할 만하다. 독일은 한국과 마찬가지로 토큰화된 증권을 발행할 수 있도록 하기 위해 2021년 시행된 전자증권법에 블록체인 기술을 기반으로 하는 전자증권의 발행 허용을 규정했다. 블록체인 기술에 기반한 증권을 암호증권이라고 명명하고 국내 계좌관리기관처럼 발행인이 암호증권등록부의 관리자를 지정할 수 있도록 했다.

이에 따라 암호증권을 발행한 회사가 지멘스다. 지멘스는 독일 시가총액 2위의 종합 기술 기업으로 스마트 인프라, 모빌리티 등을 운영하는 그룹사다. 지멘스는 2023년 2월 6000만유로 규모의 1년 만기 회사채를 암호증권으로 발행했으며 판매도 성공적으로 마쳤다.

지멘스는 회사채의 암호증권 발행을 통해 두 가지 이득을 취했다고 밝혔다. 먼저 회사채 판매를 금융기관이나 예탁결제원의 관여 없이 직접 수행함으로써 관련 비용을 절감했다는 설명이다. 두 번째로는 블록체인과 스마트 계약을 활용함으로써 거래소를 통한 중앙 청산이 필요 없다는 것도 이득이라고 덧붙였다.

또 다른 사례는 일본이다. 일본은 2020년 시행된 가상자산 규제 2차 개정안에 증권토큰의 정의와 요건 규정을 포함시켰다. 이에 맞춰 노무라, 라쿠텐증권, SBI증권 등 일본 6개 증권사가 공동으로 일본 STO협회(JSTOA)를 설립해 자율규제기관으로 인정받았다. 이 중 SBI증권은 자회사인 SBI e-스포츠의 보통주 1000주를 증권토큰으로 발행해 약 5000만엔의 자금을 조달했다. 2021년에는 미쓰이스미토모신탁은행에서 디지털 자산 발행 플

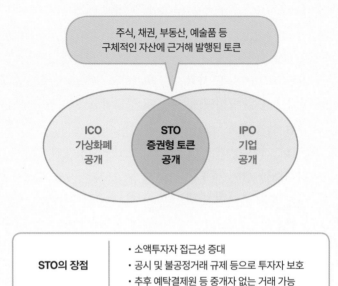

토큰증권의 ICO, IPO 대비 장점

주식, 채권, 부동산, 예술품 등
구체적인 자산에 근거해 발행된 토큰

ICO
가상화폐
공개

STO
증권형 토큰
공개

IPO
기업
공개

STO의 장점

- 소액투자자 접근성 증대
- 공시 및 불공정거래 규제 등으로 투자자 보호
- 추후 예탁결제원 등 중개자 없는 거래 가능

랫폼인 시큐리티즈 재팬을 통해 신용카드 채권을 기초자산으로 하는 증권토큰을 발행하고 신용평가기관에서 A-1등급을 취득했다.

일본에서는 이 같은 사례들을 통해 증권토큰에 대한 다수의 성공적인 이력을 확보했다. 특히 증권토큰 발행으로 기존 증권 발행에 드는 수수료의 절감 효과를 확인한 금융사들이 STO 플랫폼과 관련해

다수의 협력 사례를 추진함으로써 시장 개척과 발굴에 공동 보조를 취하고 있다.

금융 세계화 달성 시 가치 부양 기대

해외에서도 여러 실험이 진행되고 있는 토큰증권이 국가 장벽을 넘어 활성화되려면 두 가지 조건이 필요하다. 첫 번째는 표준화다. 한국이 앞선 첨단 기술 분야에서 표준화에 미진하다가 뒤떨어진 경우는 상당히 많다. 특히 스마트폰 등

장 이전에 모바일 인터넷에 위피(WIPI)라는 독자 플랫폼을 내세웠다가 세계화에 실패한 사례를 들 수 있다. 증권과 금융이 대표적인 규제 시장이고 국가별로 각각 규제가 달라 표준화가 어렵다 하더라도 기반 기술인 블록체인까지 고유함을 고집하는 것은 득보다 실이 크다는 평가다.

두 번째는 퍼블릭 블록체인이다. 이는 특히 독일의 사례에서 참고할 수 있다. 신원인증(KYC)과 관리감독의 어려움이 있다 하더라도 자산의 토큰화에서 퍼블릭 블록체인의 중요성은 아무리 강조해도 지나치지 않는다. 퍼블릭 블록체인 기반에 토큰증권을 설계해야 중개인이 없는 상황에서 얻는 효율성과 투명성을 확보할 수 있기 때문이다. 설령 이더리움과 같은 퍼블릭 블록체인의 표준을 따른다 하더라도 프라이빗 블록체인에서 구동한다면 투명성을 통해 얻을 수 있는 신뢰를 포기하는 것과 같아 블록체인을 채택한 의미가 떨어지게 된다.

한국의 코인 시장은 유통에 치우쳐 있음에도 불구하고 시장 규모는 전 세계적으로 손꼽히는 수준이다. 코인 시장을 제도권으로 포섭하려면 단점은 없애고 장점은 살리는 묘수가 필요하다. 토큰증권은 코인의 이점인 금융 세계화를 제도권 내에 풀어내기에 적합한 플랫폼으로 평가되고 있다. 금융의 신뢰와 기술의 편의를 조합했을 때 코인의 뒤를 이어 새로운 투자 수단으로 자리매김함과 동시에 제도화된 금융 세계화를 달성함으로써 투자 가치를 높일 것으로 예상된다.

웹3,
중국 지고 일본 뜨다

웹의 세 번째 버전이라는 의미의 웹3는 블록체인과 암호화폐의 부상으로 최근 주목받고 있다. 웹 이용자들의 데이터, 개인정보가 구글, 페이스북과 같은 플랫폼에 종속되지 않고 개인이 그 정보를 소유함으로써 데이터 주권이 사용자에게 주어지는 형태의 웹을 말한다. 특히 가짜뉴스 유통이나 데이터 독점 등 빅테크 기반 플랫폼들의 부작용이 커지면서 탈중앙화한 커뮤니티 기반의 웹3에 업계의 이목이 집중되고 있다.

웹3는 플레이투언(P2E) 게임이나 프로필용 대체불가토큰(PFP NFT)과 같은 일반 사용자 대상 서비스에서 빛을 발한다. 커뮤니티의 결속이 중요한 NFT나 P2E 게임의 인기가 웹3의 부상에 큰 역할을 한 것은 분명한 사실이다.

특히 코인 규제에 엄격했던 일본, 중국이 이 같은 역동성을 주목하고 산업 육성을 모색하고 있다. 이 중 일본은 웹3를 새로운 성장 동력으로 설정하고 적극적인 지원에 나섰다. 중국은 이에 비해 아직까지 코인 트라우마를 극복하지 못하고 홍콩을 경유지로 삼아 조심스럽게 탐색을 시도하는 분위기다.

웹3로 첨단 기술 산업 육성하는 일본

2023년 7월 일본에서 열린 웹엑스 콘퍼런스에서는 기시다 후미오 일본 총리가 기조연설자로 나섰다. 웹엑스 콘퍼런스는 일본 최대 블록체인 미디어인 코인포스트가 개최하는 블록체인-웹3 행사다. 기시다 총리는 기조연설을 통해 웹3가 새로운 형태의 자본주의라고 정의한 뒤 웹3 토큰을 활용해 콘텐츠 산업을 활성

화하는 환경을 조성하고 있다고 밝혔다.

규제 공백 지대라고 일컬어지는 코인과 밀접한 관련이 있는 블록체인 행사에서 이처럼 한 국가의 수장이 기조연설을 하는 경우는 이례적이다. 미국 조 바이든 행정부는 블록체인 기술을 활용한 기회를 모색하는 것에는 긍정적이지만, 코인 규제의 공백에 따른 금융 시스템의 불안정은 결코 용납하지 않겠다는 기조를 유지하고 있다. 이에 따라 바이낸스 등 코인 관련 회사들에 대한 조사와 소송이 잇따르고 있다. 중국에서도 과거 2019년 시진핑 국가주석이 블록체인 산업을 육성하겠다고 발언한 바 있지만 이후 강력한 코인 규제에 나서면서 분위기가 급속히 위축됐다. 따라서 이번 기시다 총리 발언

은 코인과 관련한 국가 수장의 발언 중 가장 최근의 지원 사례로 볼 수 있다.

일본에서 이처럼 웹3 육성에 강력한 의지를 보이는 것은 NFT의 성장과 관련이 있다. NFT는 크게 예술품에 기반한 아트 NFT와 커뮤니티의 참여나 활용도에 따른 가치를 갖는 PFP NFT로 분류할 수 있는데 모두 지식재산권(IP)에 기반한 사업이라 콘텐츠 IP가 많은 일본에 적합한 분야이기 때문이다. 2022년 1월 등장한 아즈키라는 NFT 프로젝트가 대표적인 사례로, 일본 애니메이션 캐릭터와 같은 화풍을 보여주면서 선풍적인 인기를 끌었다.

하지만 아즈키는 일본의 애니메이션 문

아즈키 프로젝트

화를 이용했을 뿐 프로젝트 자체는 미국 로스앤젤레스에서 시작됐다. 따라서 엄밀하게 말하면 일본의 문화를 채용한 미국 프로젝트인 셈이다. 본고장인 일본 입장에서는 다소 억울함을 느낄 여지가 있다.

아즈키 등 NFT의 영향력을 확인한 일본에서는 2023년부터 웹3 산업 부양에 나섰다. 기시다 총리의 새로운 형태의 자본주의 발언은 일본 내에서 새로운 패러다임으로 받아들여지며 스타트업, 디지털 전환 등에 투자하는 명분으로 작용하고 있다.

이는 코인에 대한 일부 규제 완화로도 이어지고 있다. 일본은 현재 한국에서는 불가능한 스테이블코인의 발행을 허용한 것으로 알려졌다. 또 기업이 자체 발행한 코인에 대해 판매를 통해 이익을 실현하지 않았다면 법인세를 징수하지 않는 것으로 방침을 정했다. 즉 스타트업이 코인